Around and inside

THE BEATLES

Ausgewählte Episoden der Beatles-
Historie genauer betrachtet

von

Wolfgang Brockers

Impressum

Bibliografische Information der Deutschen Nationalbibliothek: Die Deutsche Nationalbibliothek verzeichnet diese Publikation in der Deutschen Nationalbibliografie; detaillierte bibliografische Dateien sind im Internet über http.//dnb.de abrufbar.

Verlag: BoD · Books on Demand GmbH, Überseering 33, 22297 Hamburg, bod@bod.de
Druck: Libri Plureos GmbH, Friedensallee 273, 22763 Hamburg

ISBN: 978-3-7693-2816-5

Gewidmet meinen Freundinnen und
Freunden des Beatles-Treffs Niederrhein

Vorwort

Auch nach mehr als einem halben Jahrhundert, nachdem sich die Band aufgelöst hat, geht von dem Phänomen der Beatles immer noch eine große Faszinationskraft aus. Dies belegen der weiterhin große Verkaufserfolg ihrer Tonträger, immer neue Veröffentlichungen und nostalgische Memorablia über die Fab Four.

Die Zahl der Buchveröffentlichungen über die Beatles ist inzwischen nahezu unüberschaubar, so dass man mit Recht fragen darf, ob es noch weiterer Bücher bedarf. Die Frage beantwortet sich aus der Interessenlage der immer noch zahlreichen, oft älteren Beatles-Fans, deren Neugier sich weiterhin darauf richtet, noch mehr Hintergrund- und Detailinformationen zu ihren „Helden" zu erfahren. Und da gibt es, insbesondere für die deutschsprachigen Fans, denen die einschlägige englische Literatur nicht zugänglich ist, durchaus noch eine Menge an Hintergrundgeschichten zu erzählen.

Dies ist das Anliegen der vorliegenden Arbeit, nämlich noch Genaueres zur Historie der Band und zur Biografie ihrer

Protagonisten zu vermitteln, was vor allem eingeschworene Fans und weniger den rein musikalisch orientierten Faninteressieren dürfte.In neun Detailstudien über ausgewählte Episoden der Beatles-Historie werdeninsbesondere die frühe Entwicklung der Band, besondereEreignisse und Erfahrungen der vier Jungs bis hin zu den dramatischen Ereignissen, die zum Ende der Band führten, beschrieben. Dabei werden manche erhellende Detailszutage geförderte, die in vielen Beatles-Büchern bzw. - Biografien übergangen oder bewusst nicht berücksichtigt wurden.

Sechs der neun Studien sind neue Arbeiten; dagegen sind die letzten dreischon in meinem letzten Büchlein „The Beatles in my life", das ich mit meinem Freund Horst Grüter herausgegeben hatte, veröffentlicht worden.Sie werden hier aus Gründen der Vollständigkeit und der thematischen Geschlossenheit noch einmal präsentiert.Wenn diese Studien dazu führen, dass der geschätzte Leser nach der Lektüre zur Einsicht kommt, neue und ergänzende Erkenntnisse über die Fab Four gewonnen zu haben, wäre dies ein schöner Lohn meiner Arbeit.

Für die Hilfe beim mühsamen Korrekturlesen bin ich meiner Frau Monika sehr dankbar, ebenso für die erneut große Hilfe meines Bandkameraden Carsten Hendricks beim Layout und Hochladen des Textes. Sollten sich trotz aller Sorgfaltsbemühungen dennoch formale oder sprachliche Fehler eingeschlichen haben, so gehen diese allein auf meine Kappe.

Mönchengladbach im April 2025

Inhaltsverzeichnis

I. Wie es mit den Beatles begann

1. Liverpool, musikalischer Schmelztiegel und Wiege der Beatmusik

Liverpool, die Hafenstadt im Nordwesten Englands, unterscheidet sich in vielfacher Hinsicht von anderen englischen Großstädten. Insbesondere galt Liverpool zu Beginn der 1960er Jahre als „distant place", als ärmliche Provinz, die mit wirtschaftlichem Niedergang, Armut, den überall noch präsenten Kriegsschäden und einer hohen Kriminalität zu kämpfen hatte. Aber gerade aus dieser speziellen Gemengelage sollte sich in Liverpool eine Musikszene entwickeln, die eine musikalische und kulturelle Revolution auslöste. In der Folge wurde diese Stadt für einige Jahre zum Mekka, zum Mittelpunkt, der weltweiten Pop-Kultur. Produkt dieser Entwicklung und späteres Aushängeschild waren u.a. die Beatles, welche den

Liverpooler Merseybeat weltweit populär machten.

Seit dem 18. Jahrhundert war Liverpool – maßgeblich durch den Nordamerikahandel – zu einem der vier größten Überseehäfen der Welt aufgestiegen, und der Hafen wurde zum pulsierenden Herz der Stadt, der vielen Menschen Arbeit bot. Viele Arbeiter kamen aus dem nahegelegenen Irland nach Liverpool und wurden dort sesshaft, wodurch Liverpool zeitweilig auch als heimliche Hauptstadt Irlands bezeichnet und mehrheitlich katholisch geprägt wurde. Auch John Lennon, Paul McCartneyund George Harrison hatten irische Vorfahren. Schifffahrt, Handel sowie die aus den Baumwollimporten hervorgegangene Textilindustrie machten die Stadt reich und zu einer blühenden Metropole.Bis heute zeugen viele prächtige Gebäude aus viktorianischer Zeit vom Wohlstand und der Bedeutung Liverpools. Doch zu Beginn des 20. Jahrhunderts setzte ein kontinuierlicher wirtschaftlicher Niedergang ein. Dazu trugen u.a. der deutsche U-Boot-Krieg im 1. Weltkrieg, der beginnende Flugverkehr nach Nordamerika und auch die Weltwirtschaftskrise in den 1930ern bei. Verstärkt wurde dieser Prozess noch durch

15

die Zerstörungen infolge deutscher Bombenangriffe im 2. Weltkrieg auf den kriegswichtigen Hafen.Die Hafenanlagen und das Zentrum Liverpools wurden nahezu vollständig zerstört. Nach dem Krieg blieb Liverpool noch für lange Zeit ein trostloser Ort. Die Mehrheit der Einwohner gehörte ohnehin der Arbeiterklasse an, die nun in Armut und bedrückenden Wohnverhältnissen leben musste. Lediglich der Hafen bot noch Betriebsamkeit und Arbeitsplätze, aber auf einem niedrigen Niveau, da die große Zeit des Seehandels und des Hafens vorbei war. So waren Arbeitslosigkeit und Kriminalität, insbesondere Jugendkriminalität, in Liverpool ein ernstes gesellschaftspolitisches Problem. Für viele Arbeiterkinder war es normal, zwischen Trümmern und Bombentrichtern zu spielen. Als Folge fehlender attraktiver Perspektiven bildeten Kinder- und Jugendgruppen häufig organisierte Diebesbanden, die für so manchen Raubzug und Überfall verantwortlich waren.

Aber Liverpool war und blieb aber auch in schwerer Zeit eine kosmopolitische sowiemusik- und gesangsliebende Stadt. Dazu trugen die vielen traditionellen ‚Shanties' (Seemannslieder) ebenso bei wie die Gesangskultur der vielen irischen Einwanderer mit ihren vielen populären Folksongs. Auch wenn die wirtschaftliche Bedeutung des Hafensin der Nachkriegszeit immer geringer wurde, war doch nahezu aus jeder Liverpooler Familie mindestens ein Mitglied noch als Seemann tätig. Die zumeist jungen Männer brachten ab den 1950er Jahren insbesondere aus den USA Waren und Neuigkeiten, aber auch amerikanische Rock'n Roll-Schallplatten mit.Diese wurden von der Jugend begierig aufgenommen.Dadurch wurden Liverpool und sein Umland stärker von amerikanischer Musik beeinflusst als z.B. London.In der zweiten Hälfte der 1950er Jahre setzte sich der amerikanische Rock'n Roll allmählich in ganz England durch undGrößen wie Bill Haley, Chuck Berry, Elvis Presley oder Buddy Holly beherrschten von nun an auch die britischen Hitparaden. Wer aber amerikanischen Rock'n Roll hören wollte, war auf den ausländischen Sender Radio Luxemburg, Mittelwelle Band 208,oder auf die von Liverpooler Seeleuten aus den USA mitgebrachten Schallplatten angewiesen, die von den Bands heiß begehrt waren. Im liberalen und weltoffenen Liverpool setzte allmählich ein wahres Rock'n Roll-Fieber ein.

Etwa zur gleichen Zeit als der Rock'n Roll seinen Siegeszug antrat, erlebte mit dem Skiffle aber auch ein schon früherer Musiktrend durch den schottischen Musiker Lonny Donegan eine kurze Renaissance. Das war eine Mischung aus Jazz und Folklore-Elementen. Insgesamt entstand in Liverpool in jener Zeit eine Stimmung, die auf eine Art musikalischer Revolution hindeutete. Zahlreiche Bands wurden gegründet, die mit einfachen Instrumenten wie einer Gitarre oder Banjo, einer Mundharmonika, einem selbstgefertigten Bass und einem Waschbretttraditionelle englische Songs versetzt mit Elementen der amerikanischen Musik spielten und ein Publikum suchten.Rock'n Roll und Skiffle boten der Jugend nun eine Alternative zur Bandenkriminalität, und viele Eltern, insbesondere die Mütter, unterstützten nun den vielfach geäußerten Wunsch ihrer Söhne, eine Gitarre zu kaufen, obwohl sie es sich in der Regel nicht leisten konnten. So wurden in lokalen Liverpooler Musikfachgeschäften vonden Müttern zahlreiche Gitarren auf Ratenkredit, der monatlich abgestottert wurde, gekauft. Viele Eltern waren aber

18

bereit, dieses Opfer zu bringen, wenn sie damit nur ihre Jungs von der Straße und von den kriminellen Gangs fernhalten konnten. Mit der zunehmenden Popularität des Rock'n Roll und durch den Erfolg der auf dieser Welle mitschwimmenden englischen Interpreten wie Cliff Richard entstand jedoch bald ein Anpassungsdruck auf die Skiffle-Bands. Dadurch wurden, wenn es die finanziellen Mittel irgendwie erlaubten, akustische Gitarren, Apfelsinenkasten-Bass und Waschbrett nach und nach durch elektrische Gitarren, E-Bass und Schlagzeug ersetzt.

Aus der vielfältigen Musikszene in und um Liverpool am Mersey-River entwickelten die zahlreichen Bands um 1960 aus Skiffle, Rock'n Roll, Blues und Schlager eine sehr typische Mischung, die als Merseybeat bekannt und erfolgreich wurde.Bis zum Beginn der 1960er Jahre entstandenin der Region Liverpool ca. 400 Bands, deren Mitgliedergeglaubt hatten, damit einen Weg zu Erfolg und Ruhm gefunden zu haben (vgl. Moers 2000, S. 18). Es gab keinen Mangel an Spielorten in Liverpool; jede Kirchenhalle, jeder Tanzsaal und jede Gemeindehalle konnten als Musik- und Tanzort genutzt werden. In nahezu hundert privaten Keller-

Clubs Liverpools traten die Bands abwechselnd auf undbeschallten mit dröhnendem Beat aus Kellerfernstern heraus die Straßen. Es gab so viele Bands, dass der Student vom Art College Bill Harry damit begann, die Namen der Bandmitglieder und deren Auftrittsorte und -zeitenzu notieren, und gründete dann die Musikzeitschrift „MERSEY BEAT".Die zumeist jugendlichen Musikerverdienten sich damit etwas Geld, was ihnenhalf, über die Runden zu kommen, falls sie arbeitslos waren.Sie begründeten damit aber zugleich eine spezifische Liverpooler Jugend- und Musikkultur, was u.a. zur Folge hatte, dass in dieser Zeit die Jugendkriminalität in Liverpool laut Polizei-Statistik signifikant abnahm.

2. Die Quarrymen und das Duo Lennon-McCartney

Für den Erfolg des amerikanischen Rock'n Roll in England, insbesondere in Liverpool und für die Beatles, spielten drei kulturelle Impulse des Jahres 1956 eine entscheidende Rolle. Zunächsthatte der Schotte Lonnie Donegan mit einer Skiffle-Band und seinem

Song „Rock Island Line" einen ungeheuren Erfolg, so dass dieser Song zur einer Art Jugendhymne wurde und viele Jugendliche inspiriert wurden, eine Skiffle-Band zu gründen. Dann befeuerte ein amerikanischer Film mit dem Titel „Blackboard Jungle" in England den rebellischen Geist der Jugend. Insbesondere der Titelsong „Rock Around The Clock" elektrisierte die Jugend. So etwas hatte man noch nie gehört. Zwar taugte der Sänger Bill Haley, im mittleren Alter und schon etwas füllig, nicht zum Teenager-Idol, aber der Song hatte etwas von einer ansteckenden, ungezügelten Wildheit. Und dann erschien mit dem Rock'n Roll-Song „Heartbreak Hotel" die Verkörperung von Jugend, Sex-Appeal und Rebellion: Elvis Presley! Er wurde das bewunderte Vorbild der Rock'n Roll-begeisterten Jugend in England.

Der Erfolg von Lonnie Donegans Skiffle-Song „Rock Island Line" war der Auslöser dafür, dass zwei junge Burschen und künftige Beatles, nämlich Paul McCartney (14)und George Harrison (13), unbedingt eine Gitarre haben wollten, wie viele andere Jungs auch.Obwohl dies die Familienkassen erheblich strapazierte, erfüllten ihre Eltern ihnen den Wunsch.Paul McCartney musste erstdie Hindernisse überwinden, die sich aus seiner Linkshändigkeit ergaben, bevor er mit Hingabe und großer Begabung die Gitarre spielen lernte.Inspiriert und gefördert durch seinen Vater, einem Musiker und Swing-Bandleader, lernte Paul intuitiv, fand allein durch Zuhören Töne und Akkorde. Bald waren Elvis und die Everly Brothers seine neuen Idole und er konnte in kurzer Zeit deren Songs spielen. Schon mit 14 Jahren begann er damit, eigene Songs zu schreiben. Sein erster Song „ I Lost My Little Girl" hat wohl einen Bezug zu seiner ein Jahr zuvor an Brustkrebs verstorbenen Mutter Mary. George Harrison war fasziniert von Gitarren. Seine musikbegeisterte Mutter Louise kaufte ihm eine Gitarre und ermutigte ihn bei seinen intensiven Bemühungen, sein Instrument zu meistern, vor allem wenn er entmutigt war.Er machte zunächst nur langsam Fortschritte, aber er arbeitete zäh und erwarb sich bald ein Können, wodurch er schließlich John Lennon und Paul McCartney beeindrucken und ihnen Ratschläge geben konnte.

Für John Lennon war Elvis Presley die Initialzündung, sich dem Rock'n Roll zu verschreiben und seinem bis dahin chaotischen Leben eine neue Richtung zu geben.Überall, wo John sich damalsgerade aufhielt, schwärmte er von Elvis' Frisur, seiner Kleidung und vor allem von seiner Gitarre. Seine Tante Mimi, bei der er damals wohnte, konnte es irgendwann nicht mehr mit anhören und sagte mal zu ihm: „Elvis, alles schön und gut, John, aber ich will ihn nicht zum Essen oder zum Tee hier haben (in: Brown/Gaines 1983, S.20)."Mehr als alles andere wollte John nun auch eine Gitarre haben. Aber es warnicht seine musikbegeisterte Mutter Julia, sondern seine Tante Mimi, die ihm schließlich eine kaufte. Zusammen mit John marschierte sie zum Musikladen in Whitechapel, um dort eine Gitarre für umgerechnet ca. 200 DM zu kaufen, was damals viel Geld war. Als er die Gitarre einmal in der Hand hatte, wollte er sie nicht mehr weglegen. Beginnend mit einigen Banjo-Griffen, die ihm seine Mutter beigebracht hatte, übte er wie besessen Stunde um Stunde, Tag für Tag und verließ das Haus nicht mehr, so dass Mimi bald bedauerte, ihm das „verdammte Ding" gekauft zu haben.

John war in jener Zeit ein aggressiver und rebellischer junger Mann, was wohl mit seinem Kindheitstrauma zu tun hatte, dass sein Vater und seine Mutter ihn verlassen, ihn nicht gewollt hatten. Deswegen lebte er ab dem 5. Lebensjahr bei seiner Tante Mimi. Er ging keiner Auseinandersetzung, weder verbal noch körperlich, aus dem Weg. Schon als Schüler unternahm er als Banden-Chef mit seinen Nachbarschaftskumpels Ivan Vaughanund Peter Shotton regelrechte Diebes-Züge und war an manchem Schulstreich beteiligt.Wiederholt belästigte er Mädchen, indem er sie begrapschte. In der Nachbarschaft galt er als Straßenterrorist(vgl. Gaines/Brown 1983, S. 17). Obwohl Tante Mimi ihn mit harter Hand und vielfachen Bestrafungen zu erziehen versuchte, konnte sie aber keinen richtigen Einfluss auf ihn gewinnen.Als Monate später Johns Mutter Julia wieder Kontakt zu ihm aufnahm, fühlte er sich wieder sehr zu ihr hingezogen. Aber seine innere Zerrissenheit zeigte sich weiterhin in zunehmender Gewalttätigkeit. So schlug er sogar einmal seinen Klassenlehrer vor den anderen Schülern nieder. Zwar verhalf sein Schulleiter John noch zum Wechsel auf eine Kunstschule, aber auch dort zeigte sich, dass er kein Interesse an einer Ausbildung hatte.

Rock'n Roll und seine Gitarreverliehen John nun endlich Orientierung und Ehrgeiz. Im März 1957 gründeten John Lennon (Gitarre) und Pete Shotton (Waschbrett) die Skiffle-

Band „The Black Jacks". Aus der Nachbarschaft machten noch Johns Kumpels Nigel Whalley und Ivan Vaughan mit.Hinzu kamen noch andere Schulfreunde.Eine Woche später änderten sie aber den Bandnamen in „The Quarrymen", womit sie sich an ihrer Gemeinde „Quarry" orientierten.Es ist bemerkenswert, dass John seine erste Band noch im gleichen Monat gründete, in dem er seine Gitarre bekam und mit dem intensiven Üben begann.Da man ein Instrument wie die Gitarre nicht mal so eben in kurzer Zeit lernen kann, muss man daraus wohl schließen, dass zumindestJohn bei der Bandgründung noch keine sehr großen diesbezüglichen Fähigkeiten gehabt haben kann, auch wenn er schnelle Fortschritte gemacht hatte. Johns Quarrymen spielten überall, wo es ein Publikum für sie gab. Ihr erster Auftritt war auf der Ladefläche eines offenen LKWs am 24. Mai. Am 9. Juni traten sie bei einem Talentwettbewerb auf, um in einer Fernsehsendung mitwirken zu können. Doch sie schieden bereits in der ersten Runde aus. In den folgenden Wochen spielten sie noch bei Straßen-, Schul- oder Kirchenfesten, ohne besonderen Eindruck zu machen. Sie waren damals eben nur eine noch recht unerfahrene Skiffle-Band von vielen in Liverpool.

Zukunftsweisender erwies sich da das Kirchenfest von der „St. Peter'sParish Church" in Woolton am 6. Juli 1957, wozudie Quarrymen mit zwei Auftritten angekündigt wurden.Ivan Vaughan, ein Schulkamerad von Paul McCartney, lud diesen ein, beim Auftritt der Quarrymen dabei zu sein. Erüberzeugte Paul aber hauptsächlich damit, dass er dort die Chance haben würde, Mädchen anzubaggern. Tatsächlich besuchte Paul diese Fete hauptsächlich wegen der Mädchen. Als er eintraf, hatte die Fete auch schon begonnen, aber Paul erlebte aus einiger Distanz die Quarrymen mit einem dynamischen Sänger John Lennon. Danach, am späteren Nachmittag in der Kirchenhalle, lieh sich Paul eine Gitarre von einem der Jungs und zeigte diesen, was er auf der Gitarre drauf hatte. Für seine anwesenden Zuhörer muss er wie ein Virtuose gewirkt haben. Besonders beeindruckt hatte er sie aber nicht nur dadurch, dass er so gut gespielt hatte, sondern er konnte auch eine Gitarre stimmen. Das konnte bis dahin keiner der Quarrymen, und John hatte dafür immer jemanden aus der Nachbarschaft bezahlen müssen. Paul hatte den gerade aktuellen Hit

„Twenty Flight Rock" gespielt und gesungen, was für die anderen Jungs noch viel zu kompliziert war. Dabei bemerkte er eine Person, die, einen Bierdunst verbreitend, sich über ihn beugte. Es war John, betrunken, und Paul sagte nur „Hi" (vgl. Brown/Gaines 1983, S. 22). John war durchaus von Pauls Können beeindruckt, war aber zu stolz, es zuzugeben.

„Ich war sehr beeindruckt, wie Paul Twenty Flight Rock spielte. Er konnte eindeutig Gitarre spielen. Fast dachte ich: ‚Er ist so gut wie ich.' Bis dahin war ich die Hauptperson gewesen. Jetzt überlegte ich: ‚Wenn ich ihn in die Band aufnehme, was wird dann?' Mir schoss durch den Kopf, dass ich ihn nicht aus der Reihe tanzen lassen durfte, wenn ich ihn aufnahm. Aber er war gut, daher war er es wert. Außerdem sah er aus wie Elvis. Er gefiel mir (John Lennon in: The Beatles, Anthology 2000, S. 12)."

Darauf bot Paul gönnerhaft an, die Texte von „Twenty Flight Rock" und Gene Vincents „Be Bob A Lula" inklusive der Akkorde aufzuschreiben, damit John sie lernen könnte. Einige Tage später war Paul mit dem Fahrrad unterwegs, als er Pete Shotton traf. Dieser rief ihm hinterher, dass die Jungs ihn gerne in der Band haben würden.

Paul ging darauf ein, wurde Mitglied der Quarrymen und nahm zunehmend Einfluss darauf, was und wie die Band spielen sollte. Trotz aller Persönlichkeitsunterschiede entwickelten Paul und John bald eine sehr enge Kameradschaft. Zu ihrem Gück lagen Pauls Schule, das Liverpool Institute, und Johns „Art College" direkt nebeneinander. Sie sprachen sich oft ab, die Schule sausen zu lassen und ganze Nachmittage in Pauls Haus in der Forthlin Road damit zu verbringen, Songs zu üben und sich gegenseitig Akkorde beizubringen. Zuweilen standen sie gemeinsam in der Badewanne im gekachelten Badezimmer, um ein besseres Echo zu bekommen. Ihre Stimmen ergänzten sich mit der Zeit immer besser zu einem harmonischen Hörerlebnis. Sie entwickelten einen kameradschaftlichen Songschreiber-Wettbewerb, wodurch sie nach einem Jahr mehr als hundert Songs geschrieben und einen kreativen Geist entwickelt hatten, der in den kommenden Jahren noch sehr fruchtbar werden würde (vgl. Brown/Gaines 1983, S. 25). Die Aufzeichnungen der Songs gingen aber weitgehend verloren. Johns Tante Mimi sah allerdings mit wachsendem Unbehagen, wie Paul mit seiner Gitarre Johns Zeit verschwendete und ihn von der Schule abhielt. Nach einem Jahr am Art College, was sie von ihren Ersparnissen finanziert hatte, hatte John noch keine einzige Prüfung erfolgreich abgelegt. Mimi sah sich genötigt, John gegenüber restriktiver zu werden und ihm Vorschriften zu machen, sogar wie er sich kleiden sollte. Aber jedes Mal, wenn ihr Streit darüber eskalierte, flüchtete John zu seiner Mutter Julia, die Verständnis für ihn hatte und die Quarrymen mochte, und übernachtete dann auf ihrem Sofa. Obwohl Mimi wütend darüber war, blieb sie aber Ihrer Schwester Julia gewogen, so dass in jener ZeitJulia wieder häufiger zu Gast in Mendips, Mimis Haus, war. Eines Abends, es war der 15. Juli 1958, wollte Julia von einem solchen Besuch heimkehren und machte sich auf den Weg zur Bushaltestelle. Jedoch im abendlichen Dämmerlicht wurde sie –200 m von Mimis Haustür - von einem Auto erfasst und tödlich verletzt. Johns Kumpel Nigel Whalley, der gerade John einen Besuch abstatten wollte, sah Julias Körper durch die Luft fliegen und hinter einer Hecke aufschlagen. Als Mimi – aufgeschreckt durch den Unfalllärm – schließlich bei Julia ankam, war sie tot. John, der beim Unfall nicht zuhause war, wurdedurch Julias Tod in tiefe Verzweiflung gestürzt. Nun hatte er seine Mutter zum zweiten Mal verloren. Er machte nahezu jeden für den Tod Julias verantwortlich. Er sann auf Rache und wurde noch gemeiner zu anderen als zuvor. Wenn er seinen Kummer nicht in Alkohol ertränkte, schikanierte er Bettler, Verkrüppelte oder alte Leute. In dieser Zeit vernachlässigte er die Gruppe und es gab für ca. 15 Monate keine honorierten Auftritte. Sie trafen sich nur noch zum Üben und bei privaten Partys. Darüber hinaus sahen sich John und Paul noch zum Plattenhören, zum Üben und Schreiben. In dieser Zeit ging man eher mit Mädchen aus, trank viel Bier und machte auf Partys Nächte durch.

In diesem selbstzerstörerischenVerhalten wurde John erst durch die Liebe und Fürsorge von Cynthia Powell gerettet, die John im Septemberam Art College kennengelernt hatte. Sie wurde seine große Liebe, sie gab ihm wieder Halt. Cynthia, eine Tochter aus gutem Haus, liebte Johnvorbehaltlos und lernte, mit seinem besonderen Charakter umzugehen.

„Unsere Klasse hatte einen Tanzabend. Ich war besoffen und forderte sie zum Tanz auf.

Jeff hatte mich darauf gebracht, er hatte gesagt: ‚Cynthia mag dich, weißt Du?' Beim Tanzen fragte ich sie, ob sie am nächsten Tag zu einer Party kommen würde.. Sie sagte, sie könne nicht. Sie sei verlobt. Ich triumphierte, dass ich sie aufgerissen hatte. (...) Ich war hysterisch. Das war das Problem. Ich war auf jeden eifersüchtig, mit dem sie zu tun hatte. Ich verlangte absolutes Vertrauen von ihr, weil ich selbst nicht vertrauenswürdig war. Ich war neurotisch und ließ all meine Frustrationen an ihr aus. Einmal verließ sie mich. Das war schrecklich. Ich konnte es nicht ertragen, ohne sie zu sein (John Lennon in: The Beatles Anthology 2000, S. 14)."

3. Von den Quarrymen zu den Beatles – wechselnde Besetzungen und Namen

Als Paul Mitglied bei den Quarrymen wurde, wollte er die Solo-Gitarre spielen, eine Rolle, die bis dahin ein Junge namens Eric Griffiths innehatte. Paul setzte ihm mit stetiger Kritik so zu, bis Eric die Band verließ und Paul dessen Position einnehmen konnte. Auch Pete Shotton, Johns ältester und loyalster

Kumpel, fühlte sich bald an den Rand gedrängt und verließ dann auch die Gruppe. Ihm folgte daraufbald auch Ivan Vaughan. Rod Davis, der Banjospieler der Quarrymen, stieg im Februar 1958 aus.Sie wurden durch andere, ständig wechselnde Musiker ersetzt, die dann nach den Vorgaben von Lennon und McCartney spielten.Im Oktober 1957 traten die Quarrymen zum ersten Mal mit Paul McCartney in der Clubmoor Hall auf, worauf bis zum Jahresende noch fünf weitere Auftritte folgten. Im Februar spielten sie zum ersten Mal im Cavern Club. Im Monat darauf wurden sie neben anderen Bands zur Eröffnung des „Morgan Skiffle Cellars", Oakhill Park, eingeladen, was darauf schließen lässt, dass sie sich doch inzwischen einen Namen gemacht hatten.

Paul McCartney und George Harrison,waren Schulkameraden, die sich jeden Morgen im Schulbus trafen.Als sie sich kennenlernten, war Georgemit 14 ein Jahr jünger als Paul aber schon ein Gitarrenfanatiker. Jedenfalls fanden die beiden eine Menge Gesprächsstoff über Skiffle, Rock'n Roll und Gitarren. Eines Morgens hatte Paul nicht genug Geld für das Busticket; da half ihm Georges Mutter Louise aus und gab ihm auch noch Geld für die Heimfahrt. Paul stellte John den jungen

George im Basement des Teenie-Clubs „The Morgue" vor. Nach Brown/Gaines spielte George ihnen dort seinen besten Song „Raunchee" vor, ohne ihnen jedoch damit sonderlichzu imponieren. In der Folgezeit folgte George ihnen beiallen Auftritten und wartete im Hintergrund mit seiner Gitarre. Er hoffte, irgendwann aufgefordert zu werden, mitzuspielen. Das geschah auch hin und wieder, wenn ein regulärer Gitarrist ausfiel, und manchmal konnte er auch sein tolles Raunchee-Solo anbringen. Irgendwann gehörte er dann zur Band (vgl. Brown/Gaines 1983, S. 31). Dagegen schildert Paul McCartney, er habe George nachts auf dem Oberdeck eines Busses genötigt, für John Raunchee zu spielen. Da er diesen Instrumentaltitel perfekt gespielt haben soll, sei für John und Paul klar gewesen, er gehört in die Band. Von da an soll George von Paul und John als Gitarrenprofi angesehen worden sein und sie überließen ihm die Rolle des Sologitarristen. (vgl. The Beatles Anthology 2000, S.21).Es lässt sich nicht mehr genau feststellen, ab wann George zur Band gehörte, wahrscheinlich ab dem Sommer 1958. George selberjedoch schildert seine Aufnahme bei den Quarrymen etwas anders, nämlich so, als hätte er eine viel selbstbewusstere Rolle gespielt:

„Die Quarrymen Skiffle Group hatte Mitglieder, die überhaupt nichts zu tun schienen, deshalb sagte ich: ‚Bootet sie aus, dann trete ich ein'. (…) Sie kamen und gingen und nach einer Weile blieben nur noch John, Paul und ich übrig. So ging es eine Zeit lang weiter. Wir spielten auf einige Hochzeiten und Partys. John, Paul und ich spielten – betrunken – auf der Hochzeit meines Bruders Harry. Einmal spielten wir im Cavern. Es war noch immer ein Jazz-Club, und sie versuchten uns rauszuwerfen, weil wir Rock'n Roll spielten (George Harrison in: The Beatles Anthology 2000, S. 30)."

Nun, da die Quarrymen einen richtigen Solo-Gitarristen hatten, konnten sie das Niveau und den Umfang ihres Repertoires erheblich verbessern. Um 1960 hatten sie ein Repertoire von mehr als hundert Songs, wovon etwa ein halbes Dutzend Lennon/McCartney-Songs waren. Anlässlich der Eröffnung des neuen Clubs „The Jive Hive" in Crosby, Liverpool traten John, Paul und George unter dem Namen „The Silver Beatles" auf und sollen dort im Mai 1959 wiederholt aufgetreten sein. Am 7. August traten sie im Cavern Club unter dem Namen „Johnny &The Moondogs" auf, weil sie beim letzten Mal dort keinen guten Eindruck hinterlassen hatten. Danach spielten sie wieder als Quarrymen. Ab August 1959 hatten sie vorübergehend einen Schlagzeuger namens Ken Brown, der sie aber im Oktober wieder im Streit verließ.

Die Jungs hatten auch oft an Talent- und Nachwuchswettbewerben teilgenommen, aber niemals gewonnen. Im Oktober nahmen sie am Wettstreit der „Carrol Levis Discovery Show" wieder unter dem Namen „Johnny & The Moondogs" teil und erreichten dort immerhin die nächste Runde. Am 15. November traten sie unter dem gleichen Namen im Wettbewerb „TV Stars Search" auf. Das war dererste Auftritt der späteren Beatles außerhalb Liverpool und Merseyside. Es ging um zwei Runden. Die erste absolvierten sie mit Beachtung, konnten aber an der zweiten nicht mehr teilnehmen, da sie ihren letzten Bus nach Hause nicht verpassen wollten! Ende des Monats löste sich die Band auf, fand sich dann aber wieder nach wenigen Tagen unter dem Namen „Long John & The Silver Beatles" zusammen und änderten dann den Namen wieder in „The Silver Beatles".

Obwohl John sein Kunststudium arg vernachlässigte, nahm er doch am geselligen Leben der Kunsthochschule teil und besuchte des Öfteren seinen Kommilitonen Stuart Sutcliffe, einen vielversprechenden Maler. John hing immer häufiger in den Wohnungen der Kunststudenten ab. Das waren kahle Buden mit nackten Glühbirnen und dreckigen Dielen in den einstmals imposanten Kaufmannshäusern in der Gegend von Percy Street oder Canning Street.Eins von Stuarts Bildern wurde für die John-Moores-Biennale ausgewählt, die von November 1959 bis Januar 1960 in Liverpool stattfand. Am Ende der Veranstaltung kaufte John Mooresdas Bild von Stuartfür 75 Pfund. Das war damals viel Geld. John und Paul setzten darauf ihre ganze Überredungskunst ein und überredeten ihn, dieses Geld für einen Höfner-President-Bass auszugeben und in die Band einzusteigen.Stuart kaufte dann auch den Bass und stieg bei der Band ein, obwohl er nicht spielen konnte. Trotz intensiver Hilfen durch die Bandkollegen – die Quarrymen übten nun oft in Stuarts Wohnung –kam Stuart nicht über eine rudimentäre Spielfähigkeit hinaus. John, inzwischen gut mit Stuart befreundet, blieb sogar oft über Nacht, weil die Kunsthochschule in der Nähe war. Im Herbst 1959 erlebte die Band einen Aufschwung; sie spielten sieben Samstag Abende hintereinander im „Casbah Coffee Club", ein Jugendclub, der von Mona Best, der Mutter ihres späteren Drummers Pete Best, betrieben wurde.Anfang 1960 verbrachten John und Paul die Semesterferien bei Pauls Cousine Elisabeth in Caversham südlich von London, die dort mit ihrem Mann einen Pub betrieb. John und Paul arbeiteten dort in der Bar und traten dort auch als Gesangs-Duo, die Nerk Twins, auf, eine kurzlebigeNamensidee. Nach ihrer Rückkehr nach Liverpool schlugen John und Stuart dann einen erneuten Namenswechsel vor, nämlich die Quarrymen in „The Beatles" umzutaufen. Später tratensie bei einem Vorspielterminnoch einmal als „The Silver Beatles" auf und nannten sich dann aber ab August 1960 endgültig „The Beatles".

4. Erste Schritte auf der Karriereleiter

In jenen Tagen als sich John, Paul, George, Stuart und Cynthia fast jeden Tag im Jacaranda Club trafen, wo die Jungs oft spielten, warensie noch nicht sonderlich bekannt.Am populärsten waren „Rory Storm and the Hurricanes" aus Liverpool, deren Drummer ein gewisser Ringo Starr war. Danach kamen „Cass and the Casanovas", gefolgt von "Derry and the Seniors".Noch viele andere Gruppen,wie etwa die "Swinging Blue Jeans",waren damals populärer als die Beatles. Manche Bands hatten Glück, eine regelmäßige Verpflichtung zu haben, während andere sich abmühen mussten, einen Auftritt pro Woche zu erhalten.

Allan Williams, der Betreiber des Jacaranda Clubs, erlebte viele Bands in seinem Club und hatte das Gefühl, dass diese Liverpooler Bandszene eine potentielle Goldmine war. Er richtete für die Bands eine Art Buchungs-Service ein, womit er auch die Beatles, damals als Johnny & The Moondogs, vermittelte. So verschaffte er ihnen eine Reihe von Samstagsauftritten, den Big Beat

Nights, die jenseits des Mersey auf der Halbinsel Wirral stattfanden. Wenn er nichts für die Jungs auftreiben konnte, ließ er sie in seinem eigenen Club spielen. Ab Sommer hatte er aber mehr als drei Dutzend Gigs für sie ausgemacht, wodurch die Band nun ihr Leben zu bestimmen begann. Aber siehatten keinenfesten Drummer, so dass sie zuweilen ohne oder mit wechselnden Schlagzeugern spielten. Als Allan Williams eine Begleitband für eine Tournee des damals lokalen Stars Billy Fury suchte, gab er auch Johnny & The Moondogs eine Chance und lud sie zum Vorspielen ein. Dabei war Johnny Hutchinson vorübergehend ihr Drummer. Sie erhieltendieses Engagement zwarnicht, aber bekamen stattdessen ein vertragliches Engagement, den Sänger Johnny Gentle bei einer Schottland-Tournee als Band zu begleiten.Dafür hatten sie aber nur einmal vorher mit ihm proben können.Vom 20.bis 28. Mai 1960 spielten sie als Background-Musiker für Johnny Gentle mit einem neu angeheuerten Drummer namens Tommy Moore. Die Tour erwies sich für sie zwar in musikalischer und finanzieller Sichtals Desaster, allerdings konnten sie sich erstmals ein wenig als Profis fühlen und erfahren, wie das Leben als Profimusiker sein würde.

Drummer Tommy Moore verließ die Gruppe aber schon im folgenden Monat wieder, weil er Johns Anzüglichkeiten nicht länger aushielt. Nach ihrer Rückkehr absolvierten sie zahlreiche mit Allan Williams vereinbarte Gigs.

Im August 1960 erhielt Allan Williams die Anfrage des Deutschen Bruno Koschmider, dem mehrere Bars und Clubs in Hamburg gehörten, um eine Rock'n Roll Band für ein Sechs-Wochen-Engagement nach Hamburg zu verpflichten, da deutsche Bands nur Schlager spielten. Ursprünglich wollte er Rory Storm & The Hurricanes haben, doch die waren schon verplant. Cass & The Casanovas tourten gerade durch Schottland und Gerry & The Pacemakers lehnten damalsab. So bot er das Engagement den Silver Beatles an, quasi als vierte Wahl.Aber wie so oft waren die Jungs gerade mal wieder ohne Schlagzeuger. Aber sie wussten, dass Pete Best, der Sohn der Casbah-Betreiberin Mona Best, ein neues Schlagzeug hatte und dass dessen Band sich gerade aufgelöst hatte. Als sie ihn fragten, ob er mit ihnen nach Hamburg kommen wolle, war er direkt dazu bereit. Nachdem sie die Einwilligung ihrer Eltern erhalten hatten (die vereinbarte Gage für die Jungs, höher als das väterliche

Einkommen, mag ihnen die Entscheidung erleichtert haben), konnte das Abenteuer Hamburg beginnen. Keiner von ihnen war bisher im Ausland gewesen.

Allan Williams selbst kutschierte sie samt ihrer Anlage mit einem Lieferwagen nach Hamburg.Hamburg warfür die jungen Burschen eine besondere Herausforderung und Bewährungsprobe, verbunden mit einer Art Kulturschock. Sie waren in einem fensterlosen Zimmer ohne Möbel, in dem lediglich Betten für sie standen, ohne Bad oder WC untergebracht. Ihr Club „Indra" wo sie auftreten sollten, lag an der Großen Freiheit, eine schmale Straße mit Striplokalen und Arbeiterkneipen im Rotlichtviertel mit Clubs und Bordellen.In diesem Milieu, für sie etwas wie ein sexuelles Disneyland, wurden die Jungs, bisher sexuell eher unerfahren, auch diesbezüglich schnell erwachsen. Weil das Indra als Striplokal bis dahin lausig lief, wollte Koschmider es mithilfe der Beatles als Rock'n Roll-Club etablieren. Die Beatles hatten keine besondere Bühnenerfahrung, da sie in Liverpool meistens nur 20-30 minütige Auftritte hatten, bei densie jeweils fast immer die gleichen Songs spielten. Nun mussten sie aber täglich acht Stunden spielen, weshalb sie notgedrungen ihr Repertoire in kurzer Zeit erweitern mussten. Um Zeit zu schinden, dehnten sie zuweilen manche Songs extrem aus. So spielten sie z.B. „WhatI'd Say" wiederholt über 30 Minuten. Da sie auch in direkter Konkurrenz mit anderen Bands aus den Nachbarclubs standen, mussten sie sich auch spieltechnisch enorm verbessern. Dazu forderte ihr ungesunder Lebensrhythmusmit nächtelangen Auftritten und viel Alkoholihnen körperlich das Letzte ab, so dass sie häufig mit Amphetamin-Pillen ihre Müdigkeit unterdrücken mussten.Samstags begannen sie nachmittags um drei oder vier Uhr und spielten bis fünf oder sechs Uhr morgens. Mit ihren „Prellis" standen sie aber auch solch lange Nächte durch.

„Zuerst flößte es uns Angst ein, mitten in der knallharten Clublandschaft zu sein. Doch wir waren großspurig, da wir aus Liverpool stammten und an den Mythos glaubten, Liverpool brächte großspurige Menschen hervor. Deshalb legte ich meine Gitarre hin und machte den ganzen Abend einen auf Gene Vincent: Ich polterte herum, lag auf dem Boden und warf das Mikrofon herum. Ich gab vor, ein krankes Bein zu haben. Das waren Erfahrungen. Von da an ´machten wir

Schau', die ganze Zeit (John Lennon in: The Beatles Anthology 2000, S. 47)."

Unter diesen harten Bedingungen wurden sie tatsächlich immer besser. Ihre Auftritte wurden sicherer und sie wuchsen als Band enger zusammen.

„Sie waren großartig in Hamburg. Wirklich gut – großartiger Rock. Ich wusste, dass ich besser war als der Schlagzeuger, den sie damals hatten, und wir fingen an, gemeinsam etwas zu unternehmen und dann wechselten wir in den gleichen Club, und dann ging es so richtig los (Ringo Starr in: ebda, S. 49)."

Allerdings gaben Stuarts spieltechnischeDefizite am Bass – er stand deshalb sehr oftmit dem Rücken zum Publikum -häufig Anlass für internen Streit.Dazu sonderte sich Pete Best fast immer ab. Er hatte sich in kurzer Zeit eine deutsche Freundin, eine Striptänzerin, angelacht und unternahm fast nie etwaszusammen mit den anderen Jungs. Wenn sie einen Auftritt beendet hatten, zog er meist alleine los. Wiederholt erschien er auch nicht zu einem Auftritt, weshalb Ringo Starr, der Schlagzeuger von „Rory Storm & The Hurricanes", die zur gleichen Zeit in der

Nachbarschaft spielten, öfters aushalf und mit ihnen spielte.

Die Jungs hatten abseits der Bühne kaum Kontakt zu ihrem deutschen Publikum. Sie hatten kein echtes Interesse, die Sprache zu erlernen oder sich mit Deutschen anzufreunden. Vielmehr wandten sie sich mehr einander zu. Nach einiger Zeit freundeten sie sich mit Rory Storms and the Hurricanes an und verbrachten mehr und mehr Zeit mit ihnen. So bildeten sie schließlich eine Art Liverpooler Exilanten-Familie in Hamburg.

Ab dem 17. August 1960 standen die Beatles 48 Nächte auf der Bühne des Indra. Danach wechselten sie in den Kaiserkeller, einem anderen besseren und größeren Lokal Koschmiders. Dort spielten sie abwechselnd mit „Rory Storm & The Hurricanes". Ende Oktober eröffnete auf der Reeperbahn mit dem „Top Ten" eine unmittelbare Konkurrenz für den Kaiserkeller. Hiersorgten Tony Sheridan und seine Begleitband sofort für Furore, so dass die Beatles dort gerne hingingen, um sie spielen zu sehen, sehr zum Ärger von Bruno Koschmider. Als der Vertrag von Tony Sheridans Begleitband auslief, wollten die Beatles, die ohnehin nicht gut auf Koschmider zu sprechen waren, deren Nachfolge anzutreten. Und schon ihr erster Abend dort war ein voller Erfolg und viele ihrer Anhänger folgten ihnen ins überfüllte Top Ten.Bruno Koschmider tobte vor Wut und verhinderte ein längeres Engagement der Jungs bei seiner Konkurrenz, indem er die Polizei informierte, dass George noch minderjährig war und ohne Genehmigung gearbeitet hatte. Die Polizei reagierte mit einer Ausweisungsverfügung und schob George am 20. oder 21. November ab. Danach spielte die Band noch ein paar Mal im Kaiserkeller. Nachdem Paul und Pete aus Wut über Koschmider in ihrer lausigen Bude ein Kondom angezündet hatten, zeigte dieser sie wegen Brandstiftung an, worauf sie einige Stunden im Gefängnis waren und danach ausgewiesen wurden. Sie wurden in

Handschellen zum Flughafen gebracht und abgeschoben. Am 5. Dezember 1960 kamen sie auf dem Londoner Flughafen an. Sie hatten gerade noch genug Geld für eine Bahnfahrt nach Liverpool. John Lennon kehrte am 10. Dezember nach Hause zurück; das Geld für das Zugticket hatte ihm Astrid Kirchherr geliehen. Stuart Sutcliffe, der sich Mitte November mit Astrid verlobt hatte, blieb in Hamburg.

„Hamburg hat uns völlig fertig gemacht. Als ich nach England zurückkehrte, erschrak mein Vater zu Tode; ich war nur noch Haut und Knochen. Ich hatte mir gar nicht klargemacht, dass wir ständig nur gefeiert hatten (Paul McCartney in: The Beatles Anthology 2000, S.56)."

Bis 1962 gastierten die Beatles insgesamt vier Mal in Hamburg. In diesen vier längeren Engagements spielten sie mehr als 800 Stunden auf verschiedenen Bühnen und entwickelten sich dabei zu einer Band von Format. Dort entstand auch das frühe Beatles-Image mit schwarzen Lederanzügen. Paul erwarb dort seinen geigenförmigen Höfner-Bass und John seine Rickenbacker-Gitarre, und hier nahmen sie mit Tony Sheridan ihre erste Platte „My Bonny" auf.

Nach ihrer Rückkehr nach Liverpool schien es zunächst, als sei die Band aufgelöst und am Ende, aber Pauls Enthusiasmus brachte die Band wieder zusammen.In England hatte der Rock'n Roll inzwischen eine Menge seiner Vitalität verloren und war maßgeblich durch Cliff Richards und den Shadows „verseicht" worden. Blutleere Balladen wie „Living Doll" ersetzen nun die fetzigen Rocknummern.Am 17.12.1960traten John, Paul, George und Pete Best wieder im Casbah Coffee Club auf. Dort wurden sie mit Plakaten „Return of the fabulous Beatles!" (Rückkehr der fabelhaften Beatles) angekündigt. Es wurdeihr erster Auftritt unter dem Namen „The Beatles" in England. Da Stuart noch in Hamburg war, spielte Chas Newbyvon den „Blackjacks" die Bass-Gitarre. Am 27.12.1960 bestritten sie ein bejubeltes „Welcome-Home-Konzert" in der Litherland Town Hall, Liverpool, was als Wendepunkt in der frühen Karriere der Beatles angesehen werden kann.Sie wurden angekündigt:"Direkt aus Hamburg. The Beatles!" In schwarzes Leder gekleidet spielten die Beatles wie entfesselt, mit fußstampfender Hemmungslosigkeit auf, was die Litherland Town Hall in kurzer Zeit zum Kochen brachte.Als Paul dann „Long Tall

Sally" ins Mikrofon schmetterte, drängte das Publikum vor Begeisterung zur Bühne. *„Die waren am Ausflippen"* erinnerte sich Pete Best (in: Benson 1992, S. 74) und der Hall-Manager Brian Kelly nahm die Beatles direkt für 35 weitere Gigs unter Vertrag. Es gab die ersten Anzeichen der Beatlemania und sie wurden die führende Band der Mersey-Beat-Szene mit einer immer größer werdenden Fangemeinde. An diesem Abend war auch Bob Wooler von den Beatles begeistert und schrieb darauf in einem Artikel für eine Musikzeitschrift, der im Sommer darauf erschien:

„Sie betraten eine Szenerie, die von Gestalten wie Cliff Richard verseicht schien. (...) In dieser ausgelaugten Szene schlugen die Beatles ein wie eine Bombe. Sie sind der Stoff, aus dem man spitze Schreie macht (Wooler in: Wensson 1992, S. 75)."

Offenbar zeigten ihre in Hamburg gewonnenen Erfahrungen und Bewährungen jetzt Früchte. Nach einem erneuten Konzert am 31.12.1960 im Casbah Coffee-Club verließ jedoch ihr AushilfsbassistChas die Beatles. Danach übernahm Paul McCartney diesen Part (vgl. Moers/Meier 2000, S. 48).

„Plötzlich waren wir in aller Munde. (...) Selbst in Liverpool wussten die Leute nicht, dass wir auch aus Liverpool stammten, alle dachten, wir seien aus Hamburg (...). An jenem Abend kamen wir zum ersten Mal aus unserem Schneckenhaus und legten los. Zum ersten Mal jubelten uns die Leute richtig zu. (...) In Hamburg dachten wir, wir wären o.k., aber nicht gut genug. Erst in Liverpool merkten wir den Unterschied und sahen, was mit uns passiert war, ... (John Lennon in: The Beatles Anthology 2000, S. 56).

Spätestens seit ihrem Auftritt in der Litherland Town Hall hatten sich die Beatles als eine der populärsten Bands in und um Liverpool etabliert. Auf Plakaten wurden sie darauf u.a. als „The Sensational Beatles" oder „The Dynamic Beatles" angekündigt. Am 31. August gründeten die drei jungen LeuteBernard Boyle, Jennifer Dowes und Maureen O'Shea in Liverpool den ersten Beatles Fan Club. Als die lokale Musik-Zeitschrift „MERSEYBEAT" nach der beliebtesten Band in und um Liverpool gefragt hatte, verkündete siein ihrer Ausgabe vom 5. Oktober, dass die Beatles zur beliebtesten Band vor „Gerry and the Pacemakers" gewählt wurden. Von da an wuchs ihre Popularität vor allem durch

Mundpropaganda wie durch ein Schneeballsystem. Schließlich war nach einem Monat ihr Ruf so gewachsen, dass der Cavern Keller, der sich gerade von einem Jazz-Club zu einem Beatkeller gewandelt hatte, die Beatles zu einer täglichen Lunchtime-Session buchte. Bei ihren Auftritten dort war der Cavern regelmäßig voll und die Jungs genossen es, in dieser Atmosphäre zu spielen. Noch im Januar 1961 spielten sie häufig eine zusätzliche Abendsession, wodurch sie so etwas wie die Hausband des Cavern wurden. Nach ihrem zweiten Hamburg-Engagementmachten John und Paul im Oktober Urlaub in Paris, wo sie sich von Jürgen Vollmer die Beatles-Frisur, eines ihrer künftigen Markenzeichen, verpassen ließen. Nachdem Brian Epstein, Inhaber eines Schallplattenladens, wiederholt über die Beatles im MERSEYBEAT gelesen und durch Fans von ihnen gehört hatte, besuchte er ihren Auftrittam 9. November im Cavern und war von ihrer Musik und ihrer Ausstrahlung beeindruckt. Darauf bot er ihnen an, ihr Manager zu werden und ihnen einen Plattenvertrag zu verschaffen. Die Beatles nahmen an und im Dezember schlossen die Beatles und Brian Epstein dann den Managervertrag, der Brian Epstein

künftig 25% aller Einnahmen der Beatles
sicherte.

II. Hamburg, Astrid und die Exis

In Hamburg stellten die Beatles fest, dass sich dort zwei Jugendszenen feindselig gegenüberstanden: die Rocker und die Exis. Jede Gruppe hatte ihren eigenen Stil. Die Rocker standen auf amerikanischen Rock'n Roll der fünfziger Jahre und trafen sich in den Arbeiterkneipen und Rock'n Roll Clubs von St. Pauli. Ihre Feinde waren die Exis, die sich in Jazz-Clubs wohl fühlten. Exis stand für Existenzialisten. Sie kleideten sich nach dem Vorbild der Bewohner von Saint-Germain-des-Pres, den Literaten vom linken Seine-Ufer, die sich um solche Größen wie Jean-Paul Sartre, Simone de Beauvoir, Juliette Greco und Albert Camus scharten. Beide Gruppen hielten sich für cool und emotionslos. Allerdings neigten die Rocker, besonders wenn sie betrunken waren, zu unkontrollierten Gewaltausbrüchen. Das machte sie zu gefürchteten Zeitgenossen. Die Exis betrachteten sie als Freiwild, die sie bei jeder Gelegenheit vermöbelten.

Eines Abends schlenderte der Grafiker Klaus Voormann nach einem Streit mit seiner

Freundin über die Große Freiheit. Da faszinierte ihn die Musik, die aus einem Kellerclub drang. Er ging vorsichtig, er befand sich ja hier auf Rockergebiet, die Treppe hinunter. Er erlebte noch kurz Rory Storm & The Hurricanes, bevor dann die Beatles die Bühne betraten. Was er nun sah und hörte, überraschte ihn noch mehr. Begeistert von ihrer Musik stellte er sich den Beatles nach Ende ihres Auftritts vor. Tags darauf kam er wieder und brachte einige von ihm entworfenen Plattenhüllen mit. Wiederum am nächsten Tag kam er in Begleitung seiner Freundin AstridKirchherr und von Jürgen Vollmer, die wie Klaus Studenten an der Hamburger Hochschule für Mode, Grafik und Werbung waren. Diese drei Exis fühlten sich zunächst sehr unwohl in diesem Milieu. Sie empfanden die Atmosphäre als düster und feindselig. In solchen Rocker-Clubs gab es viel Gewalttätigkeit und Aggressivität. Für Astrid Kirchherr, eine hübsche Blondine undTochter aus gutem Haus, war es eine angsteinflößende Erfahrung. Sie verbrachte ansonsten ihre Zeit oft in schicken Existenzialisten-Bars. In den schäbigen Kaiserkellerhätte es sie nie verschlagen. Aber als sie nun die Beatles auf der Bühne erlebte, zerstreuten sich jedoch all ihre Bedenken.Und sie verliebte sich auf den ersten Blick in Stu Sutcliffe. Die Beatles überwanden danach allmählich ihre antideutschen Vorurteile undfreundeten sich sehr schnell mit den Dreien, die sie als sehr nette, sensible Leute schätzen lernten, an.

Astrid kam aus einer reichen Familie, hatte schon ein eigenes Auto und lebte mit ihrer Mutter in einem großen Haus nur einen Spaziergang von St. Pauli entfernt, aber in einer ganz anderen Welt.In Astrids Bücherregalen standen Werke von Marquis de Sade und der Existenzialisten, und ihre umfangreiche Plattensammlung bestand vor allem aus französischen Chansons, Jazz und Klassik. Alle Beatles hatten ein Auge auf Astrid geworfen. John nannte sie die deutsche Bardot, wegen ihrer blonden Frisur und ihrer tollen Figur. In seinen Briefen nach Hause zu Cynthia hatte John immer wieder von Astrid geschwärmt, so dass Cynthia allmählich fürchtete, diese junge Deutsche würde Johns Herz stehlen.Aber Astrid hatte eine besondere Vorliebe für Stuart, dessen Kunstsinn und größere Offenheit für das Gastgeberlandihr imponierte. Sie und Stuart verliebten sich ineinander und verlobten sich darauf im November 1960. Dagegen mochte Astrid von allen Jungs Paul McCartney am wenigsten. Besonders sein nach außen auf Wirkung eingesetzter Charme machte sie argwöhnisch. Mit bedachter Untertreibung bemerkte sie dazu später:

„Ich fand es schwierig, mit Paul warm zu werden." (...) „Es hat mir Angst eingejagt, wie jemand die ganze Zeit so nett sein konnte (Astrid Kirchherr in: Bensson 1992, S.61f)."

Später weigerte sie sich, überhaupt noch über ihn zu sprechen, was tief blicken lässt (vgl. ebda. S. 62). Ihre Aversion zu Paul mag auch darin begründet sein, dass Paul unentwegt auf Stuart einhackte, mal wegen seines

Aussehens und vor allem wegen seines mäßigen Bassspiels.

Die Beatles fühlten sich jedenfalls zunehmend zu den Exis hingezogen, die allmählich einen großen Einfluss auf sie gewannen.Ihr Stil gefiel ihnen und sie übernahmen vieles von ihnen. In der Folge wurden sie zugänglicher als andere Bands für intellektuelle Themen und Kunst. Mithilfe ihrer neuen Freunde, mit denen sie oft ihre freie Zeit verbrachten, lernten sie auch Hamburg außerhalb des Rotlichtviertels kennen. Nun sahen sie, dass dies eine Stadt mit Chic und Wohlstand war, die sich nach dem Kriegwieder weitaus besser wirtschaftlich erholt hatte als ihre ebenso zerstörte Heimatstadt Liverpool. Da die Jungs unter schwierigen Bedingungen wohnten und lebten, - ihr Frühstück nach ihrem Aufstehen am Nachmittag bestand in der Regel aus einer Schale Cornflakes mit Milch und manchmal aßen sie in der Seemannsmission - waren sie schon sehr dankbar dafür, dass Astrid sie wiederholt mit zum Essen nach Hause nahm. Hier konnten sie auch mal baden oder duschen, was in ihrer Unterkunft nicht möglich war.Über Ostern 1961 – während des zweiten Beatles-Engagements– besuchten Cynthia und Pauls damalige Freundin Dorothy Rohnedie Jungs in Hamburg.Cynthia konnte in dieser Zeit in Astrids Elternhaus wohnen. Auch sie erlebte Astrid als eine warmherzige und großzügige Gastgeberin, die bald ihre Freundin wurde. Sie lieh Cynthia ihre Kleider, änderte ihre Frisur und gab ihr Schminktipps. Sie verbrachten zusammen Stunden vor dem Spiegel, bevor sie sich in den Top Ten-Club aufmachten, um den Jungs bei ihrem Auftritt zuzuschauen.

„Als sie Klaus und mich und später unseren Künstlerkreis kennenlernten, verschlug es ihnen die Sprache. Sie merkten auf einmal, dass es in diesem Land auch sensible und attraktive Menschen gab (Astrid Kirchherr in: Miles 1998, S.88)."

Jürgen Vollmersah sich selbst als typischen Exi, der Jazz und Juliette Grecomochte und in Paris leben wollte. Er hatte für Rock'n Roll nichts übrig, doch als er die Beatles erlebte, hatte er das Gefühl, dass sie seine Sicht des Lebens verkörperten. Für ihn kratzten die Beatles mit ihrer Musik das Furnier der komfortablen Popmusik ab und legten die nackte Form bloß, eine existenzielle Sichtweise. Er erkannte Ähnlichkeiten der

Beatles mit seinenExi-Freunden von der Kunstschule.

„Sie sahen aus wie Rocker, aber innerlich hatten sie den Geist der Exis. Die Songs waren alle amerikanisch. (...) Manche der Songs hatte ich schon im Radio gehört, aber erst durch die Beatleslernte ich diese Musik wirklich lieben und schätzen. Die libidinösen Sehnsüchte, die sich in den Texten ausdrückten, drückten genau meine sexuellen Wünsche und die meiner Generation aus, die in den Fünfzigern unter der Anti-Sex-Moral einer restriktiven und heuchlerischen deutschen Gesellschaft aufgewachsen war (Jürgen Vollmer in Turner 2008, S. 123)."

Jürgen arbeitete für einen Fotografen, Klaus hatte Illustration studiert und Astrid war eine Modedesignerin und fotografierte. Sie und Jürgen begannen, die Beatles zu fotografieren und fingen damit zum ersten Mal nicht nur die Energie ihrer Auftritte, sondern auch ihre Sensibilität und ihre Intelligenz ein. Astrids Schwarz-Weiß-Aufnahmen der Beatles, die deren Gesichter halb im Schatten zeigten, glichen eher Kunstfotografien in einem Pariser Gesellschaftsmagazin. Ihre Bilder ließen die Beatles mysteriös, ernst und in sich gekehrt erscheinen. Astrids und Jürgens visuelle Ideen wurden Teil des Beatles-Looks. Nachdem Astrid und Stuart ein Paar geworden waren, änderte sich allmählich sein

Astrid und Stuart

Bühnen-Outfit, etwa in weißen Hemden, kragenlosen Jacken, schwarzen Westen oder Lederjeans. Dazu ermutigte sie ihn, die Rocker-Pomaden-Tolle wegzulassen und sich die Haare nach vorn zu kämmen, wie Jürgen und Klaus, wodurch das Rocker-Image durch eine Art Bohemian-Look ersetzt wurde (vgl. Turner 2008, S. 14). Astrid schneiderte außerdem für Stuart eine von Cardin inspirierte Jacke, wovon die anderen Jungs aber nichts wissen wollten, zunächst jedenfalls nicht. Später zu Beginn ihres großen Erfolgs sollten Anzüge mit solchen

Jacken ein Markenzeichen der Beatles werden.

Als die Bindung zwischen Astrid und Stuart immer enger wurde, entstand eine wachsende Distanz zwischen Stuart und den anderen. Obwohl John stets Stuarts engster Freund war,setzte auch zwischen ihnen eine Entfremdung ein. Das hatte wohl etwas mit Eifersucht, aber bestimmt auch etwas mit Stuarts schwachen musikalischen Fähigkeiten zu tun. Insbesondere hatten Paul und Stuart immer häufiger Streit. Paul fand immer mehr, was er kritisieren konnte. Als Paul einmalim Top Tenzu weit ging und auf der Bühneetwas Hässliches über Astrid sagte, legte Stuart sein Instrument nieder und stürzte sich aufihn.Das führtezu einer handfesten Rauferei vor vollem Haus, bis sie,sich gegenseitig im Schwitzkasten haltend, verharrten und nicht bereit waren nachzugeben. Schließlich wurden sie von den Bandkameraden getrennt (vgl. The Beatles Anthology 2000, S. 53).

Stuart litt öfters unter schrecklichen Kopfschmerzen, was zuweilen sogar dazu führte, dass er vor Schmerzen und Frustration seinen Kopf gegen eine Wand schlug.Als Stuart in Hamburg blieb, während die anderen Jungs nach Liverpool zurückkehrten, schrieb er seinem Freund Ken HortonBriefe nach Hause voller existenzieller Angst und Selbstzweifel. Während des zweiten Engagements der Beatles verließ Stuart schließlich die Band. Er wusste, dass sein Bassspiel unzureichend war, und seine Beziehung zu Astrid war ihm wichtiger als die zweifelhafte Aussicht, ein Popstar zu werden.In dieser Zeit hatten seine Briefe nach Hause immer mehr eine morbide und bizarre Ausrichtung. Im April 1962, ein Tag bevor die Beatles zu ihrem dritten Engagement in Hamburg eintrafen, brach Stuart zusammen. Er wurde ins Krankenhaus gebracht und starb dort an einer Gehirnblutung (vgl. Turner 1998, S. 127).Das war wohl die Spätfolge eines Trittes gegen den Kopf bei einer der vielen Schlägereien, in die die Jungs während ihres ersten Aufenthalts verwickelt waren. Für die Beatles war dies ein schwerer Schock, insbesondere für John, der nun seinen engsten Freund und Vertrauten verloren hatte.

Inspiriert durch ihre Hamburger Exi-Freunde unternahmen John und Paul einen ersten Trip nach Paris, um das vielgerühmte Künstlerviertel Quartier Latinmit eigenen Augen zu sehen. Inzwischen war Jürgen Vollmer tatsächlich nach Paris übergesiedelt, wo er für einen Fotografen arbeitete. Jürgen wohnte in einem bescheidenen Hotel in der Nähe des Cafés de Flores und Les Deux Magots. Diese Cafes waren berühmt, weil dort Leute wie Sartre oder Simone de Beauvoir geschrieben und Versammlungen abgehalten hatten. Jürgen führte sie zu den Treffpunkten der Philosophen, den Jazzclubs und Parks am linken Seine-Ufer. Beide, John und Paul, waren von der besonderen Atmosphäre dort beeindruckt. Hatte Hamburg eher ihre raue, wilde Seite gefördert, fühlten sie sich in Paris nun poetisch, künstlerisch und philosophisch. Sie hofften, hier auch Mädchen kennenzulernen, die aussahen wie Brigitte Bardot oder Juliette Greco. Aber die Mädchen, die sie mit Jürgens Hilfe etwa im Cafè Le Royal, einem beliebten Künstlertreffpunkt, trafen, hatten kein Interesse an Jürgens englischen Freunden, die mit Pomadentolle und Lederjacken umherliefen. Für die Pariser „Demimonde" von 1961 war dieser Rocker-Style ganz und gar nicht cool.

Jürgen Vollmer war der erste der Exis gewesen, der sich die Haare nach vorn gekämmt hatte. Nun wolltenJohn und Paul auch so einen Haarschnitt wie Jürgen haben. Also nahm er die beiden mit in sein Zimmer im Hotel de Beaune und schnitt ihnen die Haare. Für den Rest ihrer Woche in Paris liefen dann John und Paul mit einer Haartracht wie Jean Paul Sartre umher. Das war der Ursprung der Beatles-Pilzkopf-Frisur. Neben der Frisur trugen die Beatles aber bald auch den Hamburger Geist der existenzialistischen Periode mit seiner „Lebe-für-den Moment-Haltung", den sie von ihren Exis-Freunden kennengelernt hatten, weiter in die Popwelt. Er wurde ein Merkmal der „Beatlemania". Besonders bei John und Paul trugen die Impulse, die sie aus der Hamburger Exi-Szene erhalten hatten, lebenslang Früchte. Paul bewahrte sich eine besondere Antenne und Sensibilität für Kunst verschiedenster Ausprägung für den Rest seines Lebens. Dagegen hatte die Hamburger Zeit Johns intellektuellen Sinn geschärft und sein Interesse für Grenzfragen des Seins sowie für sozialpolitische Fragen geweckt.

„Die Vier hatten den gleichen Drang wie wir. Wir wollten es herauslassen, alle unsere Emotionen und Gefühle. Das war es, was wir alle entdeckten, und das war vielleicht auch der Grund, warum wir Pillen nahmen: weil sie uns fähig machten, als Liebhaber und Freunde über die Hürden der Konvention und des Nationalismus und der Kommunikation

hinwegzuspringen. Neunzig Prozent aller Leute würde es nie gelingen, diese Barriere zu überspringen (Astrid Kirchherr in. Turner 1998, S. 128).

III. Die Beatles und der homosexuelle Brian Epstein, gegensätzliche Welten

1. Brian Epstein angelt sich die Beatles mit einem ungültigen Vertrag

Die Geschichte, dass Brian Epstein erst auf die Beatles aufmerksam wurde, nachdem innerhalb von zwei Tagen drei Leute nach der Platte „My Bonnie" gefragt hatten, und er daraufhin in den Cavern hinabstieg und dort die Beatles erstmals erlebte, stimmt so nicht. Brian wusste schon länger genau, wer die Beatles waren.Sein Plattenladen war die wichtigste Verkaufsstelle der lokalen Musikzeitschrift„Mersey Beat". Er verkaufte zwölf Dutzend Exemplare in seinem Laden und er bat den Herausgeber Bill Harry sogar, ob er regelmäßig Plattenbesprechungen für das Magazin schreiben dürfe. Es ist sehr unwahrscheinlich, dass er die Schlagzeile der zweiten Ausgabe „Beatles unterzeichnen Plattenvertrag" und den dazugehörenden Artikel übersehen hat. Bei seiner Vorliebe für draufgängerische junge Männer ist es auch kaum vorstellbar, dass er den in schwarzem Leder gekleideten jungen Burschen keinen zweiten Blick gegönnt haben soll. Die Beatles und die Beatmusik-Explosion waren damals in aller Munde, so dass er sich als Chef des größten Plattenladens gewiss darüber Gedanken gemacht haben wird. Zudem lungerten regelmäßig viele junge Leute, auch die Beatles selbst, in seinem Laden herum, um Platten zu hören. Als er schließlich den Cavern-Keller betrat, sorgte seine Anwesenheit für Stirnrunzeln und viele Kommentare, denn die Gäste des Cavern waren zum großen Teil Kunden seines Ladens. Schließlich wurde er persönlich über Lautsprecher von Bob Wooler begrüßt. Offenkundig war Brian Epstein damals in der Szene doch schon eine bekannte Persönlichkeit (vgl. Miles 1998, S. 111f).

Brian Epstein war Spross einer wohlhabenden jüdischen Familie, die ein erfolgreiches Möbelgeschäft in Liverpool betrieb. Er war damals gerade 27 Jahre alt, ein Liebhaber des Theaters sowieder klassischen Musik und er legte sehr großen Wert auf ein gepflegtes Äußeres. Er redete in einem ruhigen Oberschichtakzent, war stolz, großspurig und ein wenig versnobt.Er sah sich gern als perfekten englischen Gentleman, litt aber unter starken Gefühlschwankungen, was maßgeblich daran lag, dass er homosexuell war. Das war damals in Englandillegal, weswegen er seine sexuelle Vorliebe verheimlichen musste, was eine wesentliche Quelle seiner Unsicherheit und Schuldgefühle war.

Als junger Mann wollte Brian zunächst Modedesigner werden. Späterhatte vergeblich versucht, eine Theaterkarriere zu starten. Schließlich übernahm er eine Aufgabe im elterlichen Geschäft.Dort wurde er Chef von NEMS, North England Music Stores, des Geschäftszweigs der Familie für Noten und Musikinstrumente und war damit auch Leiter der Schallplattenabteilung. Brian betrieb zur Freude seines Vaters sein Geschäft mit Herz und Seele. Er war so erfolgreich, dass sein Vater kurz darauf ein weiteres Geschäft im Zentrum Liverpools aufmachte, wo Brian wieder die Plattenabteilung leitete. Als Brian schließlich die Beatles traf, hatte NEMS neun Plattenläden in ganz Liverpool und war damit der größte Plattenhändler im ganzen Nordwesten.

Nachdem Brian die Beatles zum ersten Mal im Cavern-Keller aufgesucht hatte, war er völlig aus dem Häuschen. In seinem Plattenladen konnte er danach über nichts Anderes mehr reden. Jedem, der es hören wollte, erzählte er, wie wunderbar die Beatles und ihre Musik seien und dass sie die beste aller Beatgruppen seien.In riesigen Buchstaben ließ er „BEATLES" quer über die Fensterfront seines Plattenladens malen. Im Nadelstreifenanzug erschien er in den nächsten drei Wochen jedes Mal wieder im Cavern, wenn die Jungs spielten. Nach ihren Auftritten drängelte er sich zu ihnen vor und wechselte ein paar Worte mit ihnen. Dann lud er sie schließlich in seinen Laden NEMS ein, um ihnen vorzuschlagen, ihr Manager zu werden (vgl. Miles 1998, S. 114).Brians Eltern wunderten sich sehr, was ihr Sohn mit den vier Rockern vom anderen Ende des sozialen Spektrums nur wollte. Letztlich wusste nur Brian den entscheidenden Grund:Er wollte John (vgl. Brown/Gaines 1983, S. 61)!Offensichtlich war es nicht nur seine Begeisterung für die Band und ihre Musik, sondern seine homo-erotische Neigung war mindestens ein ebenso starker Grund dafür, dass er die Nähe der Jungs suchte und ihr Manager werden wollte.

„Seine Faszination für die Beatles, teils sexuell, teils geschäftlich begründet, entwickelte sich für ihn zu einer religionsähnlichenErfahrung(Brown/Gaines 1983, S. 61)."

Schließlich hatte Brian Epstein mit den Beatles nach deren Lunchtime-Session im Cavern ein formales Treffen am 3. Dezember 1961 um 16:30 Uhr in seinem NEMS-Laden in Whitechapel vereinbart. Er wollte sie wie ein erfolgreicher Geschäftsmann hinter seinem imposanten Schreibtisch empfangen. Brian hatte vor, sich als ihr Manager anzubieten und als solcher ihnen einen Schallplattenvertrag mit einer Londoner Firma zu beschaffen. Er wollte die Jungs beeindrucken, so dass sie bereit sein würden, den Managervertrag direkt zu unterzeichnen. Doch es kam anders.

Brian Epstein

69

Wie es scheint, hatten die Beatles diesem Treffen keine besondere Bedeutung beigemessen. Jedenfalls erschien an jenem Mittwoch, an dem der Laden etwas eher schloss, keiner von ihnen zur vereinbarten Zeit bei Brian. Zunehmend unruhig blieb er allein im Laden, nachdem die Angestellten schon gegangen waren. Schließlich nach mehr als einer Stunde – es war inzwischen schon dunkel geworden – erschien John in Begleitung von Bob Wooler. Offenkundig hatten sie gerade schon eine Kneipentour hinter sich und waren ziemlich ausgelassen. Pete Best und George kamen dann noch einmal deutlich später. Paul fehlte da immer noch. Brian musste seinen Unmut zügeln und bat dann George, bei Paul zu Hause anzurufen. Dabei stellte sich heraus, dass Paul nach ihrem Auftritt nach Hause gegangen war, um ein ausgiebiges Bad zu nehmen, worüber George Brian dann informierte. *„Das ist skandalös"* erklärte Brian laut ärgerlich. *„Er ist zu spät!"* – *„Und sehr sauber"* ergänzte George (vgl. Brown/Gaines 1983, S. 62).

Wie sich zeigen sollte, war Paul der skeptischste gegenüber Brian, der am meisten nachfragte und ihn am häufigsten herausforderte. Dies verstärkte sich sogar noch in den nächsten Jahren. Paul war von Natur aus misstrauisch und auch stets darauf bedacht, etwa John keine Vorrangstellung gegenüber ihm in der Gruppe zu gewähren. Als Paul schließlich doch bei Brian eingetroffen war, bemerkte er, wie Brian stammelte und die Augen abwendete, wenn er zu John sprach. Das ärgerte Paul nicht wenig, zumal er immer davon ausgegangen war, dass er der Attraktivste der Band war. Jedenfalls kam es an jenem Abend zu keinem Vertragsabschluss, zumal noch Pauls Vater und Johns Tante Mimi überzeugt werden mussten. Nachdem Brian schließlich deren Zustimmung erhalten hatte, unterzeichnetener und die Beatles sechs Wochen später, am 24.Januar 1962,im Casbah Club den Management-Vertrag, der Brian ab einem bestimmten Betrag 25% ihres Bruttoeinkommens zusprach. Voraussetzung war jedoch, dass er ihnen einen Plattenvertrag verschaffte. Dennoch war der Vertrag formal ungültig, da zu diesem Zeitpunkt George und Paul noch nicht volljährig waren. Ein gesetzlicher Vertreter hätte für sie unterzeichnen müssen. Und bei aller Aufregung der Unterzeichnung des Dokuments, das einem Ehevertrag ähnelte, vergaß Brian auch noch, seine eigene

Unterschrift darunter zu setzen (vgl. Brown/Gaines 1983, S. 63).Letztlich waren die Beatles froh, den Besitzer eines großen Plattenladens als Manager zu haben, auch wenn er keine Ahnung vom Showbusiness hatte.

2. Die Beatles werden salonfähig gemacht

Brian Epstein wollte die Beatles groß heraus bringen; dafür legte er sich mächtig ins Zeug.Schon bis zum Frühling hatte er dafür gesorgt, dass sie bessere Shows und Gagen bekamen. In ihre Musik mischte er sich jedoch nie ein, aberbezüglich ihres Outfits und Bühnenverhaltens sah er eine Menge Verbesserungsbedarf.Nach ihren Auftritten schrieb er ihnen wiederholt geschäftsmäßige Memos. Er forderte von ihnen, künftig auf der Bühne nicht mehr zu essen oder zu trinken, auf interne Witze oder gemurmelte Dialoge sowieauf spielerische Raufereien zu verzichten. Das Rauchen auf der Bühne konnte er ihnen nicht recht abgewöhnen. Aber er sorgte dafür, dass sie künftig eine feste „Play-List" besaßen, was und in welcher

Reihenfolge sie spielen würden, wenn sie die Bühne betraten.

„Brian Epstein sagte zu uns: ‚Jungs, wenn ihr wirklich auf die großen Bretter wollt, dann müsst ihr euch ändern, ihr müsst aufhören auf der Bühne zu essen, zu fluchen und zu rauchen.‘ ... er sagte einfach, dass wir nicht gepflegt aussähen und dass wir so nie an einem guten Ort auftreten könnten. (...) Wir richteten uns nach ihm, wir hörten auf, Käsebrötchen und Marmeladenplunder in uns reinzustopfen, und achteten wesentlich mehr auf das, was wir taten, wir bemühten uns, pünktlich zu sein und traten gepflegter auf (John Lennon in: The Beatles Anthology 2000, S. 67).“

Gegen Johns großen Widerstand bestand Brian weiterhin darauf, dass sie sich von ihren Lederklamotten und Cowboystiefeln verabschiedeten und dass sie stattdessen gleiche Anzüge tragen sollten. Obwohl das eine sehr gute Idee war und dies zu einem Identifikationsmerkmal der Beatles werden sollte, wollte John nichts davon wissen. Er versuchte die anderen Jungs davon zu überzeugen, dies nicht zu tun, da sie sich dadurch verkaufen würden, denn Anzüge und Krawatten wären die Antithese der bisherigen öffentlichen Beatles-Identität. Zu Brians Überraschung fand er in dieser Angelegenheit einen Verbündeten in Paul, der selbst ein gutes Gespür für das Showgeschäft hatte und am besten von allen die Beziehung von äußerer Erscheinung und Öffentlichkeitswirksamkeit verstand. Dank Pauls Unterstützung gaben die anderen Jungs nach, und so konnte Brian sie schließlich zum Schneider schicken, der für sie schicke, graue Anzüge mit Samtkragen anfertigte.

Brians Versprechen, ihnen einen Plattenvertrag zu verschaffen, ließ sich jedoch nicht so schnell verwirklichen. Mit dem Hinweis, Leiter von NEMS, des größten Schallplattenhändlers im Norden, zu sein, konnte Brian immerhin soviel Aufmerksamkeit bei DECCA-Records erzielen, dass sie einen jungen Assistenten namens Mike Smith nach Liverpool sandten, um sich die Beatles einmal anzuhören. Danach war dieser immerhin so beeindruckt, so dass ihnen Probeaufnahmen in DECCAs West Hampstead Studio angeboten wurden. Als die Jungs davon erfuhren, waren sie völlig aus dem Häuschen und überzeugt, auf dem Weg zu Erfolg und Ruhm zu sein. Aber das ganze Unternehmen stand unter keinem guten Stern. Die Probeaufnahmen waren auf den 1. Januar 1962, also Neujahr, angesetzt. So klemmten sich die Jungs am verschneiten Sylvester-Tag in Neil Aspinalls kalten und zugigenVan und machten sich auf nach London. Neil Aspinall war aber noch nie nach London gefahren und so verfuhr er sich auch im Schneesturm. Erst nach zehn Stunden erreichten sie schließlich das Hotel, das Brian für sie gebucht hatte. Den Sylvester-Abend verbrachten die Jungs dann damit, in Gedanken an die bevorstehenden Probeaufnahmen durch frostige Straßen zu laufen.Am nächsten Tag, Neujahr 1962, traf Brian Epstein, nachdem er den Sylvester-Abend bei seiner Tante Freda in London verbracht hatte, die Jungs im Studio. Dort waren die Jungs zwar optimistisch gestimmt aber auch zugleich etwas eingeschüchtert von der klinisch-kalten Studio-Atmosphäre. Sie mussten dazu auf fremden Instrumenten spielen. Sie waren nervös und ihr Gesang lag häufig im Ton etwas daneben.Ihr Gitarrenspiel wirkte steif und unsicher. Das fremde Studio schien ihnen alle Energie und jeglichen Enthusiasmus genommen zu haben. Unglücklicherweise hatte Brian sie überredet, ein breit gefächertes Repertoire zu spielen. So waren nur drei der 14 aufgenommenen Songs eigene

Kompositionen von Lennon/McCartney. Zu allem Überfluss hatte Pete Best einen rabenschwarzen Tag, er arbeitete sich eher mühsam und mechanisch als inspiriert an den Songs ab.

Dennoch fuhr Brian am nächsten Tag zuversichtlich nach Liverpool zurück, dass es nur noch ein Frage der Zeit sei, wann man ihnen einen Schallplattenvertrag anbieten würde. Aber er sollte sich grundlegend täuschen. DECCA hatte gleichzeitig noch „Brian Poole & The Tremeloes" eingeladen, wollte aber nur eine Band unter Vertrag nehmen. Und DECCA-Chef Dick Rowe entschied sich gegen die Beatles und für die Tremeloes. Als Brian den Beatles die DECCA-Entscheidung zerknirscht mitteilte, waren sie sehr wütend auf ihn. Sie waren überzeugt, dass Brian ihre große Chance verspielt hatte, indem er darauf bestanden hatte, alte langweilige Standards zu spielen. Um sein Gesicht zu wahren, fuhr Brian am nächsten Tag wieder nach London zu DECCA, um dort eine Revision der Entscheidung zu erreichen. Aber Dick Rowe wollte ihn nicht sehen. Dem „General Manager" Beecher Stevens drohte Brian schließlich damit, künftig alle DECCA-Produkte zu boykottieren. Auf der anderen

Seiten bot er aber an, von jeder künftig produzierten Beatles-Single mindestens 3000 Exemplare für seine NEMS-Läden abzunehmen (vgl. Brown/Gaines 1983, S. 66). Aber es blieb bei der Ablehnung.

Dieser Fehlschlag bewies Brian, dass es nicht so einfach war, eine Rock-Band zu managen, aber er war weiterhin vom Potential der Jungs und ihrem künftigen Erfolg überzeugt. In den folgenden Monaten führte er hunderte Telefonate, schrieb zahllose Briefe und machte dutzende Fahrten nach London, konnte aber nichts erreichen. Jedes Mal, wenn Brian aus London zurückkam, lauerten die Jungs ihm in einem Lokal gegenüber der Lime Street Station auf und wollten wissen, ob er erfolgreich war. Er musste sie immer wieder enttäuschen, so dass sie allmählich zweifelten, ob es überhaupt jemals klappen würde. Brian verstand es aber dennoch, ihre Hoffnung aufrechtzuerhalten, indem er ihnen stets von neuen, erfolgversprechenden Kontakten erzählte. Natürlichsprach Epstein auch mit allen großen Plattenfirmen wie Philips oder EMI, wurde aber von allen abserviert. Schließlich ließ er in London ein professionelles Demo-Tape machen. Der Sound-Techniker, der die Kopie machte, war aber sofort von dem, was er dabei gehört hatte, beeindruckt, insbesondere darüber, dass die Band fast alle Stücke selbst geschrieben hatte. Er verschaffte dann Epstein den Kontakt zum Musikverlag „Ardmore and Beechwood", einer Tochtergesellschaft der EMI.Der Chef der Firma versprach, ein Wort bei der EMI für die Beatles einzulegen, und schaffte es schließlich, dass George Martin, der das kleine EMI-Label Parlophone leitete, sich das Demo-Band anhörte. Nach einigem Widerstreben, das Brian Epstein mit Hinweis auf die Kaufkraft seines NEMS-Unternehmens überwinden konnte, stimmte dieser schließlich einem Termin für Probeaufnahmen am 9. Mai 1962 zu.Sofort schickte Brian den damals wieder in Hamburg engagierten Beatles ein entsprechendes Telegramm. Am 2. Juni kehrten sie nach England zurück und unterschrieben am 4. Juni einen Plattenvertrag bei der EMI. Bei den ersten Probeaufnahmen war George Martin aber nicht so recht überzeugt, allerdings hatte er den Eindruck, dass diese Band ein besonderes Charisma hatte. Allein damit würde er sie gut vermarkten können. Jedoch war er mit Pete Best als Drummer ganz unzufrieden, was letztlich dazu führte, dass

Pete ausgebootet und Ringo Starr, mit dem sie schon oft in Hamburg zusammen gespielt hatten, der neue Schlagzeuger wurde. Allerdings kniffen die Jungs dabei, Pete Best seine Ausbootung zu erklären; das überließen sie Brian Epstein. Aber Brian hatte es endlich geschafft. Mit diesem Vertrag und der Kooperation mit George Martin war der entscheidende Schritt getan. George Martin, der bald erkannte, dass er mit Lennon/McCartney zwei großartige Songschreiber an der Angel hatte, sollte sich künftig als kongenialer Produzent und Partner für die Beatles erweisen.Mit seiner Expertise, seinem musikalischen Gespür und der schier unerschöpflichen Kreativität der Beatles waren die Voraussetzungen für die unvergleichliche Karriere der Beatles geschaffen.

3. Brian – schwul und verliebt in John

In der Phase, als Brian reihenweise Absagen bezüglich seiner Bemühungen um einen Plattenvertrag für die Beatles hinnehmen musste, war er oft nahe daran, wankend zu werden und aufzugeben. Doch wurde seine Zuversicht vor allem durch John Lennon immer wieder gestärkt. Brian war völlig fasziniert von John, durch sein Aussehen, seinen Witz und sogar durch seine zuweilen grausame Grobheit. In Johns Nähe war er wie benommenaber auch beflügelt. Wenn John sprach, schaute Brian weg, da er nicht wagte,mit seinen liebeskranken Augenmöglicherweise sein Geheimnis preiszugeben. John war darüber süffisant amüsiert, welchen Einfluss er auf Brian hatte und zögerte nicht, dies manipulativ zu seinem Vorteil auszunutzen. Und gerade dies beflügelte Brians Masochismus zusätzlich, wodurch er John noch mehr begehrte. Spät abends, betrunken und „high" durch Amphetamine, brach Brian zuweilen in Tränen aus, weil John etwas Verletzendes zu ihm gesagt hatte (vgl. Brown/Gaines 1983, S. 66f).

Für Brian stellte sich die Frage, wo er John am besten allein treffen könnte; er lebte ja noch bei seinen Eltern. In diesem Frühjahr mietete er eine Wohnung auf der Faulkner Street und möblierte sie gemütlich, ohne irgendwem etwas davon zu sagen.Aber wann immer er John traf, war er in Begleitung der anderen Beatles oder irgendwelcher Freunde, so dass er zur Einsicht kam, dass Liverpool nicht der passende Ort für seine erotischen Ambitionen war. Darauf suchte er eine Möglichkeit, mit John außerhalb Liverpools allein zu sein, um ihm Avancen zu machen und sein Ziel zu erreichen. So machte Brian John das Angebot, ihn bei einem Wochenend-Trip nach Kopenhagen zu begleiten. Allerdings war dieser Kopenhagen-Trip in kurzer Zeit im Cavern in aller Munde. Bis dahin war Brian überzeugt davon, dass niemand etwas von seiner Homosexualität und seiner Liebe zu John wusste. Aber nach kurzer Zeit hatte fast jeder in ihrem Umfeld gerüchteweise etwas darüber erfahren. Die Schwester von Neil Aspinall, dem Roadmanager der Beatles, hatte diesbezüglich etwas von einer Freundin erfahren. Sie erzählte es bald Neil und dieser darauf John. Am folgenden Tag plauderte John, wieder unter Amphetamin-Einfluss, Brian gegenüber aus, dass Neil Aspinall Brian als schwul bezeichnet hatte. Darauf stürmte Brian hinaus, wo Neil gerade das Band-Equipment auslud. Brian fuhr ihn an, warum er behauptet hätte, er sei schwul. Das sei eine Lüge. Neil, bekannt für seine lakonisch-knappen Bemerkungen, meinte darauf: *„Du bist schwul!"* – *„Bin ich nicht"*, giftete Brian zurück. *„Bist du wohl"*, meinte Neil nur noch knapp und lud den Wagen weiter aus (vgl. ebda, S. 67). Dieser Vorfall hatte Brian künftig sehr belastet, aber er redete sich ein, dass doch immerhin noch Zweifel bezüglich seiner Homosexualität bleiben würden. Aber da irrte er sich. Die Beatles waren darüber mehr verwirrt als abgestoßen; sie wussten damals noch gar nicht so recht, was es bedeutete „queer" zu sein.

Natürlich war Brian alles andere als erfreut, als er erkennen musste, dass es für ihn eine starke Rivalin um Johns Gunst gab. Als er von Cynthia, Johns Frau, erfuhr, nahm er sich vor, sie nicht zu mögen und abzulehnen. Als er sie aber zum ersten Mal bei einer Backstage-Party traf, erwies sie sich als wunderbare, liebreizende Frau. Da verstand er, warum John sie so sehr liebte und dass sie eine viel größere Anziehungskraft auf John ausübte, als er es jemals tun konnte.Ende April 1963, zwischen Touren und Plattenaufnahmen in London, gönnte Brian den Beatles ein paar Tage Urlaub. Paul, George und Ringo flogen auf die Kanarischen Inseln in die Sonne. Brian, immer noch verliebt in John, hattemit ihm andere Pläne. Während Cynthia nach der Geburt von Johns Sohn Julian noch im Krankenhaus lag, machte John mit Brian Urlaub in Barcelona. Brian liebte die spanische Lebensart und hatte Freude daran, John die dortigen Attraktionen zu zeigen, die er bei einem ersten Solo-Trip dorthin 1959 schätzen gelernt hatte. Sie machten Ausflüge und tourten nachts durch die Nachtclubs. Abends saßen sie in Cafés bei Kerzenlicht und beobachteten Paare, die im Mondlicht vorüber bummelten. Nach vielen Flaschen Weinoffenbarte sich Brian John gegenüber undwie sehr er unterseiner Lebenslüge litt(vgl. Brown/Gaines 1983, S. 85).

Es dauerte nicht lange, bis die Familien und Freunde der Beatles von Johns Trip mit Brian erfuhren. Im Umfeld von NEMS und dem Cavern wurde ihr gemeinsamer Urlaub zum dominierenden Gesprächsstoff. Allgemein wurde gerätselt, was John nur geritten haben mochte, das mitzumachen, zumal er schon lange wusste, dass Brian sich in ihn verguckt hatte. Insbesondere Cynthia, die ihre Ehe mit John nach außen hin noch verleugnen musste, musste sehr irritiert sein, zumal sie von John keine zufriedenstellende Erklärung erhielt.

Die Tourvon Brian und John hatte schließlich noch ein spätes, bedenkliches Nachspiel bei Pauls Party zum 21. Geburtstag am 18.6.1963. Weil Pauls Haus in der Forthlin Road stets von Fans belagert wurde, fand die Feier bei Pauls Tante in Birkenhead auf der anderen Mersey-Seite statt. Es war eine der wenigen Gelegenheiten, bei denen Cynthia John in diesem Frühling zu sehen bekam.Neben Pauls Geburtstag wurde auch der inzwischen riesige Erfolg der Beatles wild gefeiert. Cynthia war entzückt, dass sie endlich als Johns Partnerin dabei sein konnte und sie erlebte dadurch die beste Zeit seit Monaten. Als die Stunden vergingen, die Gäste immer betrunkener wurdenund es immer wilder zuging,bemerkte Cynthia, wie John, offensichtlich sehr betrunken, am gegenüberliegenden Ende des Gartens in blinder Wut auf Bob Wooler, den Disc-Jockey des Cavern, einschlug. Drei Männer waren nötig, um John wegzuzerren. Da hatte er Bob Wooler aber schon drei Rippen gebrochen. Als Cynthia schließlich Johnberuhigen konnte, meinte dieser, er habe Bob Wooler die Rippen gebrochen, weil er behauptet hätte, Brian und er seien „queer" (vgl. Brown/Gaines 1983 S. 88).

Am Tag darauf entschuldigte sich John bei Bob. Er sagte u.a.:

„Wie konnte ich bloß meinen besten Freund zusammenschlagen? Ich war so betrunken, dass ich gar nicht wusste, was ich tat (in: Moers 2000 S. 158)." Einen weiteren Tag später telegrafierte John an Bob: *„Es tut mir leid, Bob, was ich getan habe. Was kann ich mehr sagen? John Lennon (ebda S. 158)."*

Bob Wooler wollte darauf John auf Schmerzensgeld verklagen. Diese Angelegenheit drohte, sich schlagartig in einen Skandal zu verwandeln. Brian war ängstlich bemüht, dass sein Urlaub mit John in Spanien und Johns Prügelei möglichst nicht in die Öffentlichkeit getragen wurden. Er zahlte schließlich Bob Wooler die beachtliche Summe von 200 Pfund dafür, dass dieser auf eine Klage verzichtete. Aber das war dennoch keineswegs das Ende der Gerüchte über Brian und John.

IV. Die Merseybeat-Szene und ihre Helden

Kaum hatten sich die Beatles über ihren Durchbruch in Liverpool und den Abschluss ihres Plattenvertrags gefreut, mussten sie erkennen, dass ihnen in einer lokalen Band eine ernsthafte Konkurrenz bezüglich Plattenerfolg und Popularität entstanden war. Diese Band war die ihres Freundes Gerry Marsden, nämlich „Gerry &The Pacemakers". Besonders brisant war der Sachverhalt, dass sie ebenfalls von Brian Epstein gemanagt und ihre Platten ebenfalls von George Martin produziert wurden. Die Mitglieder der Bands, alles Liverpooler Jungs, kannten sich natürlich gut, und insbesondere John Lennon und Gerry Marsden waren persönlich gut befreundet. Sie nahmen interessiert Anteil daran, wie sich die Karriere der jeweils anderen Band entwickelte.

1. Gerry & The Pacemakers

Gerry Marsden war schon alskleiner Junge musikbegeistert, wozu sein Vater, der häufig in Pubs gespielt hatte, maßgeblich beigetragen hatte. Zunächst erhielt er von seinem Vater eine Ukulele und dann mit neun Jahren seine erste Gitarre. Befeuert von Lonnie Donegans Skiffle-Erfolg gründete er mit zehn Jahren seine erste Band, die „Gerry Marsden Skiffle Group", mit der er so gut es eben ging Skiffle- und Rock-Songs spielte. Als sie Elvis' „Heartbreak Hotel" hörten, meinte Gerry, dass sie unbedingt ein Piano in der Band bräuchten, um die erfolgreichen Hits etwa von Jerry Lee Lewis oder Fats Domino nachspielen zu können. Nachdem er einen passenden Pianisten gefunden hatte, wurde das Piano künftig tatsächlich ein markantes Sound-Merkmal seiner Band „Gerry & The Pacemakers". Mit der sich damals schnell vergrößernden Musikszene am Mersey fand die Band dann auch vielfach Gelegenheit, in Liverpooler Clubs zu spielen. Nachdem Gerry gemeinsam mit Paul McCartney beim Betreiber des Cavern, der damals ein reiner Jazz-Club war, vorstellig geworden war, um dort Rock'n Roll zu spielen, war dieser zunächst nur bereit, ihnen einige Lunchtime-Sessions zuzugestehen.Zu diesen Terminen, an denen die Beatles abwechselnd mit Gerry & The Pacemakers spielten, standen die Teenager Schlange und der Cavern-Keller war jeweils rappelvoll. Das war der Grund dafür, dass der Cavern bald darauf nur noch als Rock'n Roll- und Beatkeller betrieben wurde. Dort konnten sich dann auch „Gerry & The Pacemakers" einen besseren Ruf erwerben und sich in der Liverpooler Szene etablieren. Ähnlich wie die Beatles erhielten auch sie einlängerfristiges Engagement in Hamburg, wo man inzwischen den englischen Rock'n Roll im Kontrast zum deutschen Schlager zunehmend zu schätzen wusste. Gerrys Band kam bei den jungen Deutschen ausgesprochen gut an. Mit ihren täglichen Auftritten über jeweils mehrere Stunden wuchsen „Gerry & The Pacemakers" enger zusammen, wurden spieltechnisch immer besser und allmählich routinierte Entertainer. Hier begann Gerry Marsden auch damit, eigene Songs zu schreiben. Überhaupt war er die dominierende Gestalt seiner Band; ihm schien das Showgeschäft im Blut zu liegen. Gerry hatte ein komödiantisches Talent und verfügte über eine markante, unverwechselbare Stimme, was im

Musikgeschäft ein ganz wichtiger Trumpf war.

Gerry & The Pacemakers

2. Freundschaftliche Rivalität – Welche Band ist die beste?

Wie viele Musikbegeisterte war Gerry Marsden häufig in Brian Epsteins NEMS-Plattenläden. Einmal kam er mit ihm ins Gespräch und erzählte ihm von seiner Band, seiner Musik und dass sie häufig im Cavern spielten. Als nach einiger Zeit die Beatles mit „Love Me Do" einen ersten Achtungserfolg,

Platz 17 in den Charts, erzielt hatten, war auch Gerry Marsden begeistert. Er freute sich für seinen Kumpel John Lennon und war stolz darauf, dass die Beatles es als erste Liverpooler geschafft hatten, in die Charts zu kommen. Bald darauf kam Brian Epstein dann auf Gerry Marsden zu und bot auch seiner Band an, ihr Manager zu werden und ihnen einen Plattenvertrag zu verschaffen. Als George Martin nach Liverpool kam, um nach weiteren Talenten Ausschau zu halten, sah und erlebte er Gerry & The Pacemakers bei einem Auftritt in Birkenhead, Liverpool. Ganz spontan meinte er sogleich zu Brian Epstein: *„ Und die will ich auch (vgl. Gerry Marsden Interview 2009, Reelin in the years). "*So kamen Gerry & The Pacemakers unerwartet schnell zu einem Plattenvertrag. George Martin bot ihnen für ihre erste Single den Song „How Do You Do It" vom professionellen Songschreiber Mitch Murray an, den die Beatles abgelehnt hatten, weil sie einen eigenen Song bevorzugten. Sie nahmen an und so wurde dieser Titel ihre erste Single. Wie George Martin auch den Beatles prophezeit hatte, wurde der Song ein Hit und in kurzer Zeit Nummer 1 der englischen Charts. Gerry Marsden konnte es sich danach nicht verkneifen, seinen Kumpel John

Lennon anzurufen und ihm triumphierend unter die Nase zu reiben, dass er mit seiner Band – und nicht die Beatles – eine Nummer 1 gelandet hatte. John bot ihm darauf an, für ihn einen neuen Song zu schreiben. Das wurde der Song „Hello Little Girl", den Gerry aber ablehnte, weil er sich schon für einen weiteren Song von Mitch Murray entschieden hatte, der ihm besser gefiel. Dieser mit dem Titel „I Like It" katapultierte Gerry & The Pacemakers wieder in kurzer Zeit auf Nummer 1 der Charts, wodurch sie zu den erfolgreichsten Stars Liverpools avancierten. Mit den ersten beiden Veröffentlichungen jeweils Nummer 1 zu werden, war schon etwas Besonderes und erregte auch in London Aufmerksamkeit, zumal inzwischen die Beatles mit „Please Please Me" auch ihre erste Nummer 1 erzielt hatten.

Die Rivalität zwischen den Bands nahm Fahrt auf, und zunächst hatten Gerry & The Pacemakers die Nase deutlich vorn. Die Rivalität trug dazu bei, ihren Ehrgeiz und die Qualität ihrer Songs zu verbessern. Kurz darauf zogen die Beatles mit ihrem zweiten Nummer 1- Titel nach, mit „From Me ToYou". Beide Bands hatten wachsende Fangruppen, die genau wie die Bands selber

Streitgespräche führten, welche Band die bessere sei, welche das bessere Repertoire hätte. Gerry Marsden berichtete darüber, wie sich die Bandmitglieder in Coffee-Shops trafen und sich bezüglich ihrer Musik echte Wortgefechte lieferten – bei aller privaten Freundschaft (vgl. Gerry Marsden in: Reelin' the years 2009).Da man aber nur subjektive Meinungen austauschen konnte, war es ein Segen, als Bill Harry mit seiner Musikzeitschrift MERSEYBEAT eine Wahlorganisierte, in der die Leser/innen abstimmen sollten, welche die beste Band Liverpools sei. Das Ergebnis der Abstimmung war, dass die Beatles knapp vor Gerry & The Pacemakers als beliebteste Band gewählt worden waren. Dieses objektive Votum wurde dann auch allgemein akzeptiert und beruhigte die Gemüter der befreundeten, rivalisierenden Bands. Mit einem weiteren erfolgreichen Titel überflügelten dann aber Gerry & The Pacemakers erneut die Beatles und stellten dabei eine Bestmarke auf, welche die Beatles trotz ihres insgesamt viel größeren späteren Erfolgs nicht mehr einstellen konnten, nämlich mit den drei ersten Singles jeweils Nummer 1 der Charts zu werden.

Bei einem Kinobesuch hörte Gerry die Komposition „You'll Never Walk Alone" von Rogers & Hammerstein und war wie elektrisiert. Dieses Lied, obwohl es eine Ballade war, wollte er unbedingt als dritte Single aufnehmen. George Martin war offen dafür, während Brian Epstein meinte, er solle lieber bei seiner bislang erfolgreichen Art von Songs bleiben. Aber Gerry ließ sich nicht beirren und nahm diesen Titel auf. Er schoss direkt an die Spitze der Charts und wurde auch sofort Nummer 1. Mit nun drei Top-Titeln mit seinen ersten drei Singles waren Gerry & The Pacemakers im Pop-Olymp und in der englischen Musikgeschichte angekommen. Darüber hinaus sollte seine Version von „You'll Never Walk Alone" zu **der** Fußballhymne schlechthin in Liverpool, England und Europa werden, womit Gerry Marsden noch über seinen Tod hinaus verbunden sein wird. Dafür werden die Fußballfans schon sorgen. Danach wollte Gerry für seine vierte Single endlich einen eigenen Song aufnehmen und nahm ein weiteres Songangebot von Mitch Murray nicht an. So wurde sein eigener Song „I'm The One (who cares about you)" seine vierte Single. Gespannt wartete man auf die Chart-Platzierung, ob es erneut eine Nummer 1 geben würde. Die Single stieg kontinuierlich in den Charts und erreichte schließlich Platz 2. Nach einer ersten Ernüchterung konnte sich Gerry aber auch darüber als respektablen Erfolg freuen.

Nachdem die Beatles in den USA mit ihrem Erfolg bei der Ed Sullivan-Show die „British Invasion" eingeleitet hatten, tourten auch Gerry & The Pacemakersin den USA und traten auch in der Ed Sullivan-Show auf. Glaubt man Bill Harry, soll Ed Sullivan darauf geäußert haben, dass er Gerrys Band sogar besser fand als die Beatles.

Gerry Marsden und seine Band waren jedenfalls zu einer nationalen Berühmtheit und zu lokalen Helden in Liverpool geworden.Ende 1963, als die Beatlemania über England hereinbrach und die Beatles zu nationalen Lieblingen und Helden aufgestiegen waren, überstrahlte ihr Ruhm dann aber auch den von Gerry & The Pacemakers. 1964 konnten die Beatles ihre ungeheure Popularität auch an der Kinokasse in bare Münze umsetzen. Ihr Film „A Hard Day's Night" wurde ein riesiger finanzieller Erfolg. So war es auch nicht verwunderlich, dass Brian Epstein auch für Gerry & The Pacemakers mit „Ferry Cross The Mersey" ebenfalls ein Filmprojekt realisieren wollte. So wie der Film der Beatles wurde es auch eine fröhlich-schwungvolle Komödie in Schwarz-Weiß, in der auch Songs der Band nicht zu kurz kamen.

Dem Film war zwar nicht annähernd der Erfolg von „A Hard Day's Night" beschieden, aber der Titelsong „Ferry Cross The Mersey" wurde ein musikalischer Meilenstein. Nach eigenem Bekunden brauchte Gerry lange, um eine Inspiration für diesen Song zu finden, um dann aber den Song in sechs Minuten fertig zu schreiben. Der Song wurde zu einer Art Liverpool-Hymne, womit sich Gerry Marsden ein musikalisches Denkmal in seiner Heimatstadt gesetzt hatte. Seit dem Erfolg dieses Songs wird auf den Liverpooler Fähren über den Mersey stets dieser Song gespielt und Gerry Marsden und seine Familie könnenZeit ihres Lebens die Fähre kostenlos benutzen. Dies ist ein Ausdruck ganz besonderer Wertschätzung für Gerry Marsden in Liverpool, der mehr als die Beatles zum lokalen Musik-Heros wurde. Dazu trug auch bei, dass er trotz seines großen Erfolgs in Liverpool blieb, wie er es in diesem Song auch so zum Ausdruckgebracht hatte: „ ... ‚cause this land the place I love. And here I'll stay."

3. Lennon/McCartney-Songs – Treibstoff für Epsteins Talente

Nachdem Brian Epstein es geschafft hatte, den Beatles einen Plattenvertrag zu verschaffen und sie zu Topstars der Charts zu machen, meinte er, dass er das auch mit anderen Gruppen schaffen konnte, nicht nur mit einer, sondern sogar mit mehreren. Zu dieser Zeit war ihm noch nicht klar, dass die Beatles etwas Einzigartiges waren und dass seine besondere Beziehung zu ihnen nicht zu kopieren war. Er gab die Leitung seiner NEMS-Plattenläden in andere Hände und beschäftigte sich künftig ausschließlich als Bandmanager und Veranstalter eigener Konzerte. Seine neue Firma NEMS-Enterprises agierte als Talent-Management und Buchungsgesellschaft.

Die erste Band, die Brian Epstein nach den Beatles im Frühjahr 1963 unter Vertrag nahm, waren Gerry & The Pacemakers. Wie bei den Beatles ließ er auch ihnen handgeschneiderte Anzüge anfertigen und arrangierte für sie einen Plattenvertrag bei einem noch prominenteren EMI-Label als die Beatles erhalten hatten. Ihre erste Single „How Do You Do It", ein Titel, den die Beatles abgelehnt hatten, erschien im März und stieg bis April auf Nummer 1 der Charts bis sie dort von den Beatles mit „From Me To You" abgelöst wurde. Brians Umfeld war über seinen erneuten Erfolg nicht wenig erstaunt, und seine Kritiker wurden etwas kleinlauter. Kaum hatte man diesen Coup Brians realisiert, kündigte Brian an, eine dritte Band unter Vertrag zu nehmen, nämlich „Billy Kramer and the Coasters". Brian hatte sich in den Leadsänger, dessen richtiger Name Billy Aston war, verguckt. Aber er musste diese Gruppe erst aus einem Vertrag bei einem anderen Manager herauskaufen. Danach änderte er den Bandnamen in „Billy J. Kramer and The Dakotas", verpasste auch ihnen neue Anzüge und versorgte sie für ihre erste Single mit einer Lennon/McCartney-Komposition. Dieser Titel „Do You Want To Know A Secret" stieg nach seiner Veröffentlichung bis auf Nummer 2 in den Charts, direkt hinter den Beatles.

Damit war Epsteins Talente-Stall noch nicht komplett. Es kamen noch die „Big Three", eine Cavern-Gruppe, die mit den Beatles schon im Star-Club gespielt hatten. Ihnen folgten die „Four Jays", deren Name Brian in

„The Fourmost" änderte, und noch eine lokale Liverpooler Größe namens Tommy Quickly. Sie alle wurden mit Anzügen ausgestattet – offenkundig war Brian dieses äußere Erscheinungsbild seiner Talente sehr wichtig – und erhielten Plattenverträge. Dann gab es schließlich noch ein weibliches Talent in Brians Talente-Stall, eine ehemalige Sekretärin namens Priscilla White, die häufig im Cavern an der Garderobe arbeitete. Sie hatte eine markante Stimme und wurde zuweilen „Cavern-Kreischerin" genannt. Auch sie fand Brians Interesse und erhielt von ihm den Namen Cilla Black. Auf Brians Geheiß erhielt sie mit neuer Frisur, neuem Kleidungsstil einen neuen Look. Wichtiger war jedoch, dass Brian ihr einen Lennon/McCartney Song mit dem Titel „Love Of The Loved" gab, den Paul spät nachts auf dem Heimweg über den Allerton-Golf-Platz geschrieben hatte. Er platzierte sich sofort in den Charts. Billy J. Kramer hatte danach erneut einen Nummer 1-Hit mit einem weiteren Lennon/McCartney Titel: „Bad To Me". Kurz darauf erzielten „Gerry & The Pacemaker" mit „I Like It" erneut einen Nummer-1-Hit, Billy J. Kramer war mit dem Lennon/McCartney-Song „From A Window" wieder erfolgreich und Cilla Black ließ dem ihren nächsten Erfolg „It's For You" folgen. Später kam auch noch ein besonderes Duo unter Brian Epsteins Fittiche und auf seine Gehaltsliste, nämlich „Peter and Gordon". Peter Asher war der in Cambridge ausgebildete Bruder von Pauls Freundin Jane Asher, der mit Gordon Waller als Duo auftrat. Es gibt gute Gründe anzunehmen, dass deren Karriere maßgeblich auf der Beziehung Pauls mit Jane Asher begründet war. Jedenfalls konnten auch sie auf einen reichhaltigen Vorrat an Lennon/McCartney-Songs zurückgreifen. Schon ihre erste Single „World Without Love", eine typische McCartney-Komposition, wurde ein Nummer 1-Hit und der erste Titel englischer Interpreten, der nach den Beatles 1964 in den USA Nummer 1 wurde. So feierten alle Schützlinge Brian Epsteins mehr oder weniger große Hitparadenerfolge. Mit der Zeit machte sich der Eindruck breit, dass jeder Song erfolgreich wurde, sofern Lennon/McCartney als Autoren angegeben wurden. Um herauszufinden, ob es tatsächlich nur an den Autorennamen oder an der Qualität des Songs lag, schrieb Paul McCartney1966 unter dem Pseudonym Bernhard Webb für Peter and Gordon den Song „Woman". Auch dieser Titel wurde ein

Chart-Erfolg, den sie u.a. bei der Bravo-Beatles-Blitztournee 1966 im Vorprogramm präsentierten.

Ankündigung der damals die Hitlisten anführenden Bands für den „Mersey Beat Show-Case" vom 16. Juni 1963 auf der Bühne des Romford Odeons.

In jener Zeit schien es, als hätte Brian Epsteins NEMS-Stall eine Erfolgsgarantie. Hit folgte auf Hit und Brian achtete darauf, dass nicht etwa von den Beatles und von Gerry & The Pacemakers gleichzeitig neue Singles veröffentlicht wurden, damit sie sich in den Charts nicht gegenseitig Konkurrenz machten.So gab es in jenen Tagen einen nahezu ständigen Nachschub an Hits aus Brians NEMS-Stall, der weltweit die Kassen klingeln ließ. Brian hatte sich eine Art Merseybeat-Imperium geschaffen, dessen kreatives Zentrum John Lennon und Paul McCartney waren, und er konnte sich wie ein ungekrönter König der populären Musik in England fühlen. Das englische Musikgeschäft drehte sich einige Jahre vor allem um den „Mersey-Sound", der eine Weile die englischen Charts dominierte. Dies brachte Liverpool im Frühjahr und Sommer 1963 in den Fokus einer regelrechten Goldgräberstimmung. Jede Plattenfirma, vor allem, wenn sie die Beatles zuvor abgelehnt hatte, sandte Agenten nach Liverpool, um in den Clubs und Tanzsälen wie hungrige Wölfe nach Talenten zu suchen. Fast allen Bands, die Liverpooler Dialekt sprachen, machte man Vertragsangebote. Auf diese Weise erhielten etwa die Searchers, die Merseybeats und auch Ringo Starrs Ex-Band, Rory Storm and the Hurricanes, Plattenverträge. Manche Gruppen nahmen auch Platten auf, während andere nicht über den Plattenvertrag hinaus kamen. Einige hatten auch Hits, manchmal vor allem nur deswegen, weil sie aus Liverpool kamen. Andere verschwanden jedoch bald wieder in der Versenkung, kehrten wieder in ihr altes Leben nach Liverpool zurück und wunderten sich nicht selten, was Brian Epstein und die Beatles so besonders machte.

V. Jane Asher und Paul - eine Romanze ohne Happy End

Mit der beginnenden Beatlemania war es für die Beatles immer schwieriger geworden, weiterhinin Liverpool zu leben. Sie wurden überall von Fans belagertund waren es bald leid, sich wie auf einem Präsentierteller zu fühlen.

„Die Tourneen waren eine echte Erleichterung, weil sie uns aus der Stadt rausbrachten und uns eine neue Basis verschafften. Wir fingen an, uns eingezwängt und verbraucht zu fühlen (John Lennon in: Benson 1992, S. 125)."

Brian Epstein war der erste, der nach London zog. Er verlegte seine NEMS Enterprises komplett dort hin und richtete sich in Knightsbridge eine hochherrschaftliche Wohnung ein.London mit seiner größeren Schwulenszene bot ihm auch eher die Gelegenheit, seinen Neigungen nachzugehen als das in Liverpool möglich war. Die Jungs folgten ihm bald; John, Cynthia und das Baby zogen in eine ziemlich schäbige möblierte Wohnung in der Nähe von Earl's Court. George und Ringo nahmen sich gemeinsam eine Wohnung im gleichen Straßenzug, in dem Epstein sich niedergelassen hatte. Paul McCartneyhatte ein Zimmer einer Wohnung in der Green Street, das er aber ungemütlich sehr fand. Er sollte allerdings bald ein stilvolleres neues Zuhause finden.

1. Frauenschwarm Paul trifft Traumfrau

Während Johns amouröses Lebenzu seinem Verdruss seit seiner Heirat und insbesondere mit seinem häuslichen Leben als Familienvater sehr eingeschränkt war, hatte Paul nahezu jede Nacht eine Romanze bzw. ein Date. Nachdem er seine Jugendfreundin Dot Rohne fallen gelassen hatte, hatte er eine kurze Affäre mit Iris Caldwell, Rory Storms Schwester. Das hielt aber nicht lange, da Paul ständig von einer Menge Mädchen umschwärmt wurde und dies für ihn zu viele Verlockungen bot. Aber Pauls erotischer Appetit schien unersättlich. Wie viele Mädchen auch immer sein Bett wärmten, so vermisste er doch immer etwas bei ihnen. Es war kein Mädchen dabei, das er mit zu sich nach Hause zu seiner Mutter hätte nehmen wollen, falls sie noch gelebt hätte. Er suchte nach einem Mädchen, mit dem er häuslich werden und eine Familie gründen könnte.

Am 9. Mai 1963, kurz nachdem er mit George und Ringo aus dem Urlaub auf den Kanarischen Inseln zurückgekommen war, besuchte er mit den anderen Beatles ein Pop-Konzert in der Royal Albert Hall. Dort lernte er Jane Asher kennen, eine 17-jährige rothaarige Schönheit mit grünen Augen.Sie war die Tochter von Dr. Richard Asher, einem der besten Psychiater von London. Ihre Mutter Margret war eine angesehene Musikprofessorin, die zufälligerweise sogar den Studenten George Martin seiner Zeit in Oboe ausgebildet hatte. Jane war trotz ihres jugendlichen Altersdurch zahlreiche Film- und TV-Auftritte sowie Theaterrollen selbst schon eine Berühmtheit, in die sich Paul und sein Bruder Michael schon bei ihren Bildschirmauftritten verguckt hatten.

„Sie (Jane) verbreitete eine Atmosphäre von Seriosität und Selbstbewusstsein, was für eine Jugendliche erstaunlich war. Zugleich sprühte sie vor Energie. Sie war extrovertiert, aber ihr enthusiastischer Gesprächsstil wurde von einer guten Erziehung und von

ihrer Erfahrung als Schauspielerin getragen,
was sie weit klüger erscheinen ließ als eine
durchschnittliche Siebzehnjährige. Außerdem
war sie außerordentlich hübsch (Miles 1998,
S. 129). "

Jane strahlte schon Klasse aus, besaß mit
ihren 17 Jahren schon ein souveränes
Auftretenund legte eine vornehme
Zurückhaltung an den Tag. Dazu. Sie lebte
mit ihrem Bruder Peter, ein musikalisch
begabter Junge und Teil des Duos Peter and
Gordon, und ihrer jüngeren Schwester Claire
zuhause bei ihren Eltern. Das alles hatte für
den ehrgeizigen Sozialaufsteiger McCartney
eine ungeheure Faszinationskraft. An jenem
Abendam 9. Mai machten alle Beatles nach
der Show bei einem Drink im Royal Court
Hotel Jane den Hof, abervor allem Paul
gewann ihre Aufmerksamkeit. Als die
anderen Jungs dies merkten, ließen sie die
beiden für etwa zwei Stunden allein,
angeblich um etwas essen zu gehen. Als sie
zurückkehrten, fanden sie die beiden
weiterhin im Gespräch, als hätten sie sich
nicht vom Fleck gerührt.

„Also blieben bloß wir beide übrig. Es lief
alles sehr unschuldig ab, aber von da an
bemühte ich mich ernsthaft, ihr fester

Freund zu werden (Paul McCartney in: ebda. S. 130)."

Paul verliebte sich sofort in Jane; sie verkörperte den Lebensstil, den er, der ungehobelte Bursche aus Liverpool, anstrebte. Die Ashers waren eine Familie, die sich mit keiner aus Liverpool vergleichen ließ.Paul und Jane kamen gut miteinander aus. Er besuchte sie jedes Mal, wenn er nach London kam. Sie besuchten Theatervorstellungen oder Clubs; die meiste Zeit aber verbrachten sie im Haus ihrer Eltern in der Wimpole Street, wo sie bis spät in der Nacht saßen und redeten, Jane saß häufig auf Pauls Schoß, wenn Tee gereicht wurde.Wiederholt wurdePaul von Mutter Asher, eine vorzügliche Köchin, zum Essen eingeladen und ermutigt, sich unbeschwert an den oft anregenden Familiendiskussionen zu beteiligen. Bei den Ashers war es nicht ungewöhnlich, einen ganzen Abend mit Gesprächen am Esstisch zu verbringen. Das war für den ungehobelten Paul mit seiner kleinbürgerlichen Herkunft eine völlig neue Erfahrung, zumal er daran gewöhnt war, das Essen so schnell wie möglich hinunterzuschlingen und dann wieder davonzustürmen. Angesichts dieser weltgewandten, intelligenten und kultivierten Familie war Paul fest entschlossen, die ungehobelten Kanten seiner Herkunft möglichst schnell abzuschleifen. Die Ashers waren nur zu gerne bereit, ihm dabei zu helfen (vgl. Benson 1992, S. 126). Paul sog die kulturellen und intellektuellen Impulse aus dem Hause Asher auf wie ein Schwamm. Hier empfand er wohl eine Art Bildungsdefizit; jedenfalls begann er erstmals damit, Bücher zu lesen, um sich Kenntnisse und Wissen anzueignen (vgl. Brown/Gaines 1983, S. 90). Eines Tages schlug Jane ihm beiläufig im Gespräch vor, zu ihr in die Wimpole Street zu ziehen. Ihre Mutter war bereit, ihm die Mansarde unterm Dach zu überlassen. Paul zögerte nicht lange und zog mit seinen Kleidern, seiner Gitarre und ein paar Kleinigkeiten zu den Ashers, wo er dann ein kleines Zimmer mit Schrägen neben dem von Peter Asher bezog. Mit Peter kam er gut aus und half ihm maßgeblich bei seiner Musik-Karriere. Paul konnte Margret Ashers kleines Musikzimmer im Keller benutzen, wo auch ein Klavier stand. Hier traf er sich oft mit John, um mit ihm Songs zu schreiben. Dort entstanden z.B. „I Want To Hold Your Hand" oder "Can't Buy Me Love". Nach einiger Zeit erhielt Paul ein eigenes Klavier in seiner Mansarde, wodurch es dort noch enger wurde. Er hatte nicht einmal Platz für seine Platten und musste seine Goldenen Schallplatten und Trophäen wie auch seinen MBE-Orden, den er von der Queen erhalten hatte, unter seinem Bett verstauen. Nichts deutete darauf hin, dass in dieser Mansarde jemand lebte, der zu den populärsten Leuten Englands zählte und der 1965 dort von seinem Finanzverwalter einen Brief erhielt, der ihm mitteilte, dass Paul nun offiziell Millionär geworden war. Aber Paul hatte nun ein Domizil in einem Upper-Class-Haushalt, wo er Orientierung und Inspiration fand.

2. Paul und Jane – Swinging Londons schillerndes Pärchen

Pauls und Janes Romanze wurde dadurch öffentlich bekannt, als ein Fotograf ein Foto von ihnen machte, als sie eine Theatervorstellung im Prince Of Wales Theater verließen. Von da an wurden sie in der ganzen Stadt gesehen, etwa im Theater, in Galerien oder in Clubs und wurden sofort Lieblinge der Medien.Paul und Jane waren das „Trendy-Paar" ihrer Zeit und alle wollten sie kennenlernen. Einladungen zu Vernissagen, Premieren und Dinnerparties füllten ihren Briefkasten. Eine Weile waren sie regelrechte Kultfiguren. Sie wurden ständig mit der Frage konfrontiert, wann sie heiraten würden, wo immer sie sich sehen ließen. Paul entzog sich einer Antwort aber in der Regel durch ein Lächeln, während Jane sich immerhin einmal so äußerte, dass sie sich wundern würde, falls sie jemals einen anderen heiraten würde. Jane inspirierte den verliebten Paul zu vielen Songs, wie etwa „And I Love Her" oder „Here There And Everywhere".

Paul lebte zwei Jahre im Haus der Ashers und kaufte sich dann ein Stadthaus in London, das er gemeinsam mit Jane einrichtete. Jane lebte dann auch dort mit Paul zusammen. 1966 verkündeten sie schließlich ihre Verlobung. Jane hatte einen ausgleichenden Einfluss auf Paul, insbesondere da sich sein Ego und Selbstbewusstsein zunehmend aufblähten. Jane hielt das Pop-Business allerdings für ziemlich oberflächlich. Sie sah sich vor allem als Schauspielerin. Sie nahm ihre Arbeit sehr ernst, arbeitete hart und nahm die meisten Jobs an, die man ihr anbot. Im Frühjahr 1964 war sie sehr präsent in Film, Fernsehen und Theater. Sie nahm Paul zu allen neuen Stücken mit, wodurch die beiden bald eine feste Größe in der Londoner Theaterlandschaft wurden und immer mehr gesellschaftliche Kontakte knüpfen konnten. Die Theaterszene war von Pauls Interesse entzückt; er erhielt wiederholt Offerten, sich an Projekten zu beteiligen. 1966 wurde er sogar gebeten, die Musik für die National-Theater-Inszenierung von Shakespeares „Wie es euch gefällt" zu schreiben. Paul sah sich dazu jedoch nicht in der Lage und lehnte ab, bot aber an, dafür die „Ballad of Larry O." zu schreiben. Paul konnte diese Zeit des

Swinging London in Reinkultur genießen, etwa mit einem Dinner bei Kerzenschein in einem kleinen französischen Bistro in Soho oder Chelsea, danach ein paar Drinks in einem der damals angesagten Clubs wie dem Ad Lib. Zuweilen erschien er „aufgebrezelt" auf einer Society-Party und konnte am folgenden Tag sein Bild in den Klatschspalten bewundern. Ihm öffneten sich alle Türen und er erkundete ausgiebig das Nachtleben der Stadt, manchmal mit Jane, oft aber ohne sie. Die Mädchen warfen sich ihm geradezu an den Hals, und er wäre nicht Paul gewesen, wenn er dies nicht ausgiebig ausgenutzt hätte. Er fühlte sich gut dabei, zumal er als Junggeselle keine Treuepflicht gegenüber Jane empfand.

„Ich erinnere mich, dass John mich sehr beneidete. Er fragte: 'Was denkt Jane, wenn du mit einem anderen Girl ausgehst?' Und ich sagte: ‚Es ist mir egal, was sie denkt, wir sind nicht verheiratet. Wir haben eine perfekte Beziehung' (Paul McCartney in: Miles 1968, S. 174)."

Diese Aussage Pauls lässt schon erkennen, dass doch allmählich eine gewisse Distanz zwischen ihm und Jane entstanden war. Jane war auch nicht bereit, für Paul ihre

Unabhängigkeit und Karriere aufzugeben. Während er zunehmend mit Janes Selbstständigkeit fremdelte, wurde er offener für neue Partnerinnen und amouröse Affären.

3. Ein jähes Ende

Jane liebte Paul und sie konnte ihm die Liebe und Geborgenheit geben, die er offenkundig brauchte. Sie konnte ihn sich auch gut als Vater vorstellen, aber er sollte nicht ihre einzige Lebensperspektive sein. Sie wollte nicht als Pauls Anhängsel im Schatten eines Beatles leben, so sehr es sich Paul auch gewünscht haben mochte. Für die Rolle als Hausfrau und Mutter fühlte sie sich noch viel zu jung.Statt dessen wollte Jane ihre seit der Kindheit dauernde erfolgreiche Karriere weiter verfolgen. Ab 1967 verbrachte sie beruflich viel Zeit in den USA. Zu ihrem 21. Geburtstag flog Paul ihr in die USA hinterher, um sie bei ihrem Auftritt in Denver mit seinem Besuch zu überraschen. Er war noch immer in sie verliebt und wünschte sich, dass sie von ihrer US-Tour vorzeitig zurück kommen würde. Es gelang ihm aber ohne Probleme, sich in jener Zeit mit anderen Frauen über sein Alleinsein hinwegzutrösten.

Im Sommer 1968 erschien eine junge Frau namens Francie Schwartz im Apple-Büro mit einem Skript und einem Brief für Paul McCartney. Entgegen ihrer Gewohnheit stellte die Sekretärin sie direkt Paul vor, der sie dann mit in sein Büro nahm. Später führte Paul sie zum Essen aus und sie verbrachten die Nacht zusammen. Nach einer Woche forderte Paul, ihr einen Job bei Apple zu geben, wodurch sie einen Schreibtisch in der Publicity-Abteilung erhielt. Nach etwa drei Wochen war jedoch allen Mitarbeitern klar, dass Francie keine andere Aufgabe hatte, als Pauls Geliebte zu sein. Es schien, dass sie sich auch im Haus in der Cavendish Avenue, in dem Paul mit Jane wohnte, niederließ, bis zu der Nacht, als Jane unerwartet nach Hause kam. Wie immer gab es Groupies vor dem Haus, wenn sie Paul im Haus wussten. Sie versuchten Paul telefonisch zu warnen, als Jane mit ihrem Schlüssel die Haustür aufschloss. Paul hielt die Warnung jedoch für einen Scherz, und so geschah Jane darauf dasselbe, was kurz zuvor Cynthia mit John geschehen war. Jane entdeckte eine andere Frau in ihrem Bademantel. Sie stürmte hinaus und fuhr mit ihrem Auto davon zu ihren Eltern. Noch in der gleichen Nacht erschien Janes Mutter bei Paul, um Janes Kleider, Geschirr und andere persönliche Dinge abzuholen (vgl. Brown/Gaines 1983, S. 279).

Obwohl Paul und Jane danach noch ein- oder zweimal zusammen gesehen wurden und Paul pflichtgemäß einen Premierenabend von Janes Auftritt im Fortune Theater besuchte, war ihre Beziehung zu Ende. Einen Monat später erfuhr dann auch die Öffentlichkeit davon, als Jane beiläufig in einer BBC-Show erwähnte, dass Paul ihre Verlobung gebrochen hätte (vgl. ebda. S. 279). Jane traf Paul nicht mehr, und Jahre später lehnte sie es bei Interviews ab, überhaupt noch über diese Affäre zu reden.

VI. Von einem wütenden Mob aus dem Land gejagt

Der Besuch der Beatles auf den Philippinen wurde für sie und ihre Entourage zu einem dramatischen, sogar traumatischen Erlebnis, bei dem sie um Leib und Leben fürchten mussten, weil Brian Epstein eine fatale Fehlentscheidung unterlaufen war.

Nach ihrem Konzertaufenthalt in Japan flogen die Beatles am 3. Juli 1966 nach Manila, wo zwei Konzerte mit ca. 80.000 Besuchern geplant waren.Sie freuten sich auf die warme Sonne und das exotische Flair in Manila. Die Beatles waren dort sehr populär und so wurden sie schon am Flughafen von 50.000 Fans empfangen. Mit einer Armee-Eskorte wurden sie und ihre Entourage durch die Menge geleitet. Dann passierte aber etwas Merkwürdiges.

Statt ins gebuchte Hotel wurden sie zunächst zu einem Hafenpier gefahren, wo sie genötigt wurden, in ein Boot zu steigen. Mit diesem wurden sie dann ohne erkennbaren Grund ca. eine Meile auf's Meer hinausgefahren.

„Sie fuhren uns zum Hafen von Manila, setzten uns in ein Boot, brachten uns zu einer Motorjacht, die weiter draußen im Hafen vor Anker lag. Dann sperrten sie uns in diese Kabine. Die Luftfeuchtigkeit war sehr hoch, es gab Unmengen von Moskitos, und wir schwitzten und hatten Angst. Zum allerersten Mal in unserer Geschichte waren wir von Neil, Mal und Brian Epstein getrennt. Keiner von ihnen war in der Nähe, stattdessen wurden wir von bewaffneten Cops, die vor unserer Kabine postiert waren, in Schach gehalten. Wir waren alle sehr niedergeschlagen, das Ganze zog uns herunter. Wir wünschten, wir wären nicht hergekommen (George Harrison in: The Beatles Anthology 2000, S. 217). "

Als sie schließlich nach etwa 30 Minuten wieder zurückgebracht wurden, waren sie auch so lange von ihrem Gepäck getrennt. Das war für alle sie sehr beunruhigend, da die Jungs in jener Zeit stets mehrere Pfund Marihuana in ihren Equipment-Kisten mitführten. Normalerweise wurde ihr Gepäck nur oberflächlich durch den Zoll kontrolliert, wenn überhaupt. Meistens wurde es wie Diplomaten-Gepäck behandelt. Am Pier erhielten sie dann ihr Gepäck ohne Kommentar zurück. Falls die Drogen gefunden worden wären, hielten die staatlichen Offiziellen still, denn niemand wollte einen internationalen Konflikt.

1. Die brüskierte Präsidentengattin Imelda Marcos

Am folgenden Morgen erschien ein halbes Dutzend uniformierter Männer vom Präsidentenpalast an der Hoteltür von Vic Levis, ihrem Tourmanager und Brians Stellvertreter bei NEMS. Sie wollten wissen, wann die Beatles zur „Party" erscheinen würden. Dieser antwortete, dass er nichts von einer Party wüsste, und schickte den fragenden Offizier zu Brian, der gerade mit Peter Brown ein spätes Frühstück zu sich nahm. Die Fragen des Offiziers erhielten zunehmend eine aggressive Schärfe, als er erneut fragte, wann die Beatles zur Party kommen würden.

„Am nächsten Morgen wurden wir durch lautes Klopfen an der Tür geweckt. (...) Jemand kam ins Zimmer und sagte, „Na los, macht schon! Ihr sollt zum Palast kommen!" Wir sagten, Wovon reden Sie? Wir gehen in keinen Palast." „Ihr werdet im Palast

erwartet! Stellt den Fernseher an!" Das taten wir, und da war es, live aus dem Palast. Zwei endlose Reihen von Menschen saßen auf beiden Seiten eines langen Marmorkorridors, die Kids mit ihren besten Sachen herausgeputzt, und der Kommentator sagte, „Und sie sind immer noch nicht hier (George Harrison ebda. S. 219)."

Allmählich verstanden sie, dass die Präsidentengattin Imelda Marcoseine Party zu Ehren der Beatles gab. Imelda, die Frau des Diktators Marcos, war bei manchen Leuten gefürchteter als ihr Mann. Sie war gewohnt, dass ihre Wünsche wie Befehle umgesetzt wurden. Sie hatte ein besonderes Faible für Besonderes und Berühmtheiten und hatte 300 Kinder eingeladen, mit ihr die Beatles zu treffen. Brian erklärte, dass er zum ersten Mal etwas von einer Einladung hörte.

Später erfuhr er, dass ihr Publicity-Manager Tony Barrow schon in Tokio eine solche erhalten hatte, aber keinerlei Antwort veranlasst hatte. In jedem Fall würden die Beatles, so antwortete Brian, nicht zur Party kommen. Sie würden noch schlafen und er würde sie nicht aufwecken, um sie binnen einer halben Stunde zur Party der Präsidentin zu schicken. Minuten später erhielt Brian einen Anruf des britischen Botschafters, der es für keine gute Idee hielt, die Präsidentengattin zu brüskieren, zumal alle Unterstützung und Schutzmaßnahmen für sie in Manila dem Präsidenten zu verdanken wären. Brian erklärte, dass die Beatles nicht hingehen würden, selbst wenn sie die Einladung rechtzeitig erhalten hätten. Nach einem unangenehmen Erlebnis in Washington DC während ihrer ersten USA-Tour hatte er den Beatles den Verhaltensgrundsatz verordnet, keinerlei politische Einladungen, weder von Diplomaten, gekrönten Häuptern oder Diktatoren anzunehmen.

Währenddessen verschliefen die Beatles friedlich die ganze Party. Am Nachmittag wurden sie geweckt, frühstückten und wurden dann mit zwei Limousinen ins Arenata Fußballstadion gebracht. Dort hatten sie am Nachmittag und am frühen Abend zwei halbstündige Auftritte, die wie üblich von hysterischem Geschrei begleitet waren. In der Zwischenzeit sahen Brian und Peter Brown in der Hotel-Lobby die TV-Nachmittagsnachrichten. Auf dem Bildschirm sahen sie die brüskierte Imelda Marcos um ihren Palast gehen. Zwar erklärte der Kommentator, dass die Beatles nie zu einer Party zu ihren Ehren gingen, aber sie hätten 300 eingeladene Kinder, Waisenkinder und Behinderte, schwer enttäuscht. Ein Palastsprecher meinte dann, die Beatles hätten dem Ehrgefühl einer ganzen Nation offen ins Gesicht gespuckt (vgl. Benson 1992 S. 182).

Kaum war die TV-Übertragung beendet, nahm Brian telefonisch Kontakt zum Regierungssender auf, um der Bevölkerung der Philippinen eine Erklärung zu liefern. Er eilte sofort mit Peter Brown zum Sender und sie wurden zu ihrer Überraschung direkt ins Studio vor Kameras gebracht. Das laufende Programm wurde unterbrochen und Brian war live im ganzen Land zu sehen. Doch kaum hatte er mit seiner Entschuldigung begonnen, wurde er auf Anweisung des Palastes unterbrochen, so dass seine geschliffene Ansprache zur Entschuldigung niemals gehört wurde. Die Beatles selbst bekamen von alledem nichts mit. Nach ihren Konzerten kehrten sie ins Hotel zurück und beendeten den Tag mit ein paar Whisky-Cola und Joints. Sie spielten noch etwas Karten und gingen dann zeitig zu Bett, weil sie für den kommenden Morgenfrüh einen Flug nach New Delhi gebucht hatten, wo sie ein paar Tage Urlaub machen wollten.

2. Die Beatles werden bedroht und aus dem Land gejagt

Mitten in der Nacht wurde der Tourmanager Vic Levis von drei Militärpolizisten aus seinem Zimmer gezerrt und zu einer Polizeistation gebracht. Dort wurde er von zwei Beamten immer wieder befragt, warum sie nicht zur Party erschienen waren. Früh am Morgen wurden die Beatles von Neil Aspinall und Mal Evans geweckt, um sich anzuziehen und für den Flug vorzubereiten. Mal bestellte noch für die Sechs Frühstück, was aber nicht kam. Als er nachfragte, schien niemand an der Rezeption zu sein. Als er selber dort hin ging, war die Rezeption verwaist, kein Angestellter war zu sehen. Auch die Leute vom Polizeischutz und die Sicherheitsleute, die sich sonst dort aufhielten, waren abgezogen worden. Immerhin warteten die beiden gemieteten Limousinen, die sie zum Flughafen bringen sollten. Sie waren da, allerdings ohne Begleitung; nur mit den beiden Fahrern. Als Mal schließlich jemanden an der Rezeption erwischte, sagte man ihm in ruppigem Ton, dass es für die Beatles keinen Zimmerservice mehr gäbe.

Offenkundig hatte jemand jeglichen Service für die Beatles abgesagt bzw. verhindert. Mal war äußerst irritiert, bis er auf der Titelseite einer englischsprachigen Zeitung die Schlagzeile „BEATLES BRÜSKIEREN PRÄSIDENTIN" las.

Als Mal Evans damit zurück zur Suite der Beatles kam, fanden diese sich als Gegenstand der nationalen Nachrichten im Fernsehen.Sie entschieden, dass es das Beste wäre, dieses Land so schnell wie möglich zu verlassen. Tony Barrow, Mal und Vic Levis begannen damit, eigenhändig Gepäck und Equipment in einen gemieteten Van zu verladen, der es zum Flughafen bringen sollte. Aber sie waren überzeugt, dass sie es ohne jegliche Unterstützung nicht rechtzeitig zum Flughafen schaffen würden. Brian ließ sich über Skyphone direkt mit dem Piloten der gebuchten KLM-Maschine verbinden und bat ihn eindringlich, auf sie zu warten und sie nicht in diesem ungastlichen Land gestrandet zurückzulassen. Der Pilot sagte zu, solange zu warten, wie das Auftanken dauern würde, dann würde er aber Manila verlassen, mit oder ohne die Beatles. Von da an begann eine hektische Jagd. Ohne Polizei-Eskorte fürchteten sie, zum Flughafen Stunden durch den Morgenverkehr zu benötigen. Mit Absicht oder unbeabsichtigt schienen die nicht-englischsprechenden Fahrer sich ein- oder zweimal zu verfahren. Als sie schließlich dort ankamen, hatte sich der zivile Flughafen durch Tausende Soldaten mit Gewehren und Bajonetten in einen bewaffnetes Militärlager verwandelt. Außerdem lungerten außerhalb des Gebäudes noch Hunderte von Zivilisten herum, die auf sie warteten. Als ihre Autos vor dem Terminal hielten, bildeten die Leute eine Spießrutengasse. Die Beatles mussten da hindurch, um zum Eingang zu gelangen. Dabei wurden sie vom Mob geschlagen, getreten und bespuckt, als sie vorbei eilten. Sie versuchten, nicht in Panik zu geraten oder zu rennen.

„All die Schlägertypen in ihren Hawaiihemden schubsten, schoben und boxten. Es war schrecklich. Ich bin sicher, dass niemand ernsthaft verletzt wurde, aber nur, weil wir nicht zurückschlugen, also wurden wir nur geschubst. Wir konnten nicht zurückschlagen. Wenn wir uns gewehrt hätten, wäre die Sache vielleicht schlimm ausgegangen. Es war sehr, sehr beängstigend, so was ist uns weder davor noch danach je wieder passiert (Neil Aspinall in: The Beatles Anthology 2000 S. 220).“

Im Terminal mussten sie feststellen, dass alle Rolltreppen, Lifte und Abfluginformationen abgestellt worden waren. Sie verloren wertvolle Minuten damit, herumzulaufen und das richtige Gate zu finden, wo der KLM-Jet wartete. Dann bugsierte sie ein Armee-Offiziermit einigen Leuten in ein Zollbüro, wo er sich ausführlich über ihre Pässe und Visa ausließ. Nur durch eine Glaswand getrennt, beobachtete der wütende Mob diese Situation und schlug mit Fäusten gegen die Wand. Im Büro scheuchte sie der Offizier, drohend mit Knüppeln und Gewehrkolben, von einer Ecke zur anderen. Irgendwann stellte sich Mal Evans mutig zwischen die Soldaten und den Beatles, und dann flogen Fäuste. Dabei wurde Mal überwältigt und zu Boden geschlagen. Brian erhielt mehrere Schläge in den Rücken und auf die Schulter; Ringo wurde so hart im Rücken getroffen, dass er vorwärts fiel und seine Reisetasche fallen ließ.

Nach einer gefühlten Ewigkeit erlaubte man den Beatles und ihrer Entourage endlich, an Bord des wartenden Flugzeugs zu gehen. Aber die Atmosphäre im Flugzeug war nicht freundlicher; dort wurden sie mit verängstigten und ärgerlichen Fluggästen konfrontiert. Kaum, dass sie ihre Sitze eingenommen hatten, erschien ein weiterer Armee-Offizier, der Tony Barrow und Mal

Evans aufforderte, noch einmal auszusteigen, damit ihre Pässe noch einmal geprüft werden könnten. Mal fürchtete, sein letztes Stündlein hätte geschlagen, und bat die Beatles, seiner Frau seine ganze Liebe und Zuneigung auszurichten. Aber offensichtlich wollten die philippinischen Behörden nur erneut beweisen, wer am längeren Hebel saß. Während Tony und Mal aus dem Flieger eskortiert wurden, forderte der Pilot Brian auf, zu ihm ins Cockpit zu kommen. Der Pilot sagte zu ihm, dass er so lange wie möglich gewartet hätte und nun aber starten müsse. Brian bat ihn jedoch eindringlich, die beiden nicht zurückzulassen, weil sie ansonsten womöglich im Gefängnis landen würden. Brian beschäftigte den Piloten mit Argumenten so lange, bis Tony und Mal wieder zurück im Flugzeug waren. Sofort wurden danach die Türen geschlossen und das Flugzeug setzte sich zum Start in Bewegung, wobei sie immer noch den wütenden, Fäuste schwingenden Mob draußen sehen konnten.

„Ich steige nie wieder in einen Flieger zu den Philippinen. Noch nicht einmal in einen, der nur drüber fliegt. Nie mehr fahren wir in so ein Irrenhaus (John Lennon in: ebda. S. 221)."

3. Das Nachspiel

Während alle auf den Start warteten, begann Brian, mit sich zu hadern und fragte klagend Peter Brown: *„Wie konnte ich dies nur geschehen lassen? Ich habe die Jungs körperlicher Gefahr ausgesetzt. Das werde ich mir nie verzeihen (Brian Epstein in: Brown/Gaines 1983, S.189)."* Dann erschien unerwartet Vic Levis im Gang und wollte von Brian wissen: *„Hast Du das Geld?"* Gemeint war das Bargeld, das Brian nach den Konzerten in Manila in einer großen braunen Papiertüte erhalten hatte, fast 50 Prozent der gesamten Konzerteinnahmen. Den Rest hatte man schon bei einer Londoner Bank deponiert. Brian, der inzwischen schon eine Überdosis Pillen genommen hatte und dessen Nerven ziemlich blank waren, schrie ganz hysterisch: *„Komm mir nicht mit Geld!"* Peter Brown versuchte, Brian zu beruhigen. Und als das Flugzeug die Startbahn hinunterdonnerte, packte Vic Levis, der Grund zur Annahme sah, dass die Bareinnahmen aus den Manila-Auftritten verloren gegangen oder konfisziert worden waren, Brian am Kragen und schrie immer wieder: *„Ich bring' dich um!"* Nachdem das Flugzeug abgehoben hatte, war es mit Brians

Fassung vorbei; er begann hemmungslos zu schluchzen und bekam hohes Fieber. Als sie in Neu Delhi ankamen, war er so krank, dass er mehrere Tage ärztliche Hilfe brauchte.

Die Beatles hatten wenig Mitglied mit ihm. Sie machten Brian für das ganze philippinische Fiasko und alle Tour-Unannehmlichkeiten verantwortlich und hatten keine Lust mehr auf solche Tourneen.

„Ich glaube, nach Manila hielt sich ihre Lust auf weitere Touren in Grenzen. Vielleicht brachte das die Entscheidung (Neil Aspinall in: The Beatles Anthology 2000 S. 221).“

„Es war eine unglückliche kleine Tour, aber das Gute daran war, dass wir am Ende (als wir herausfanden, was Marcos und Imelda mit ihren Leuten gemacht hatten, und verstanden, was für ein Betrug das Ganze gewesen war) froh waren, dass wir uns so und nicht anders verhalten hatten. Großartig! Wir müssen die einzigen Leute gewesen sein, die es je wagten, Marcos vor den Kopf zu stoßen. Erst Jahre später verstanden wir, welche politische Bedeutung unser Verhalten gehabt hatte (Paul McCartney in: ebda S. 221).“

VII. Die Manson-Morde von 1969 im Auftrag der Beatles?

Am 9. und 10. August 1969 gab es in Los Angeles sieben fürchterliche, offenkundig rituelle Morde, die weltweit für Schlagzeilen und Entsetzen sorgten und die – wie sich später herausstellte – alle von Anhängern von Charles Manson auf dessen Befehl begangen wurden. Am 9. August wurden die schwangere Schauspielerin Sharon Tate, Ehefrau des Regisseurs Roman Polanski und vier ihrer Freunde in ihrem Haus erstochen, erschossen, erwürgt oder erschlagen. Am Tag darauf wurde das Ehepaar Leno und Rosemary LaBianca in ihrem Haus erstochen. Mit dem Blut von Sharon Tate hatten die Mörder das Wort „Pig" auf ihre Haustür geschrieben. Leno LaBianca hatten die Mörder das Wort „War" (Krieg) in den Bauch geritzt, eine Tranchiergabel in seinen Bauch gesteckt und auf Türen und Wände mit Blut die Worte „death to pigs" und „healter skelter" geschmiert..

Es dauerte eine Weile, bis die Polizei erkannte, dass die Verbrechen in einem

Zusammenhang standen. Manson, der bis dahin schon als krimineller Rassist aufgefallen war, wurde zusammen mit mehreren seiner Sektenmitglieder eher zufällig bei einer Polizei-Razzia im Oktober 1969 festgenommen. Weil eine Angehörige seiner Sekte mit den Tate-Morden geprahlt hatte, konnte die Polizei schließlich die Manson Sekte als Urheber der Tate/LaBianca-Morde feststellen. Charles Manson wurde als Urheber bzw. Anstifter der Morde zum Tode verurteilt, was 1972 in eine lebenslange Strafe umgewandelt wurde.

Obwohl die Hintergründe der Manson-Verbrechen nie vollständig und eindeutig aufgeklärt werden konnten, spricht vieles dafür, dass Manson mit den Morden einen rassistischen Bürgerkrieg, ein Chaos („Helter Skelter"), auslösen wollte. Er hatte die Vision von einem zukünftigen Holocaust, bei dem die schwarzen Amerikaner sich erheben, die Weißen ausrotten und die Herrschaft übernehmen würden. Am Ende würden die Schwarzen aber das Interesse am Regieren verlieren und Manson könnte dann mit seiner Sekte aus einem Untergrundversteck auftauchen und die Herrschaft über Amerika übernehmen. Dafür wurde nach den Morden auch die Geldbörse von Rosemary LaBianca an einer Tankstelle in einer schwarzen Wohngegend platziert. Schwarze sollten die Kreditkarten benutzen, so dass man dann Schwarzen die Morde anlasten könnte. So äußerten sich jedenfalls Mitglieder seiner Sekte bei den Vernehmungen. Staatsanwaltschaft und Richter orientierten sich dann auch an dieser „Helter-Skelter-Erklärung". Manson selbst hatte sogar wiederholt erklärt, er habe den Befehl zu den Morden direkt von den Beatles über versteckte Hinweise in den Songs des weißen Doppelalbums erhalten. Dabei hätte auch der Song „Helter Skelter" eine Rolle gespielt. Als die Beatles davon erfuhren, waren sie entsetzt und empört, dass ihre Songs so furchtbar missbraucht worden waren. Bei näherer Betrachtung der Hintergründe zeigt sich allerdings, dass es durchaus eine Verbindung der Manson-Morde zu den Beatles gab.

Manson war ein großer Beatles-Fan und war selber Musiker. Er war zeitweilig mit Dennis Wilson von den Beach Boys befreundet und hatte mit ihm zusammen Songs geschrieben. Er nahm sich alle möglichen Freiheiten und reizte sie bis an die Grenzen aus. Er lebte mit seinen zumeist weiblichen Anhängern in einer Wüstenkommune, praktizierte freie Liebe, konsumierte reichlich Drogen und hatte großes Interesse an östlichen Religionen und Okkultismus. Wiederholt hatte er apokalyptische Visionen, die er teilweise aus Beatles-Songs und auch aus dem Johannes-Evangelium bezog. Er war sogar davon überzeugt, dass Johannes die Beatles vorhergesagt hatte. Für ihn waren sie die vier Engel, die im 7. Kapitel an den „vier Ecken der Erde" stehen und die Haare wie Frauenhaare hätten. Manson glaubte, die Beatles hätten durch ihre Songs persönlich zu ihm gesprochen und ihn aufgefordert, das Ende der Welt herbeizuführen. Man könnte glauben, dass Manson ein Hippie war, der durch seinen exzessiven LSD-Konsum und seine Verstrickung in esoterische Religiosität wahnsinnig geworden war. Jedoch meinte R.C. Zaehner, Professor für Religionen und Ethik des Ostens in Oxford, dass Manson keineswegs wahnsinnig gewesen sei, sondern einen ausgesprochen klaren logischen Verstand gehabt und nur falsche Schlüsse aus den Vieldeutigkeiten und Ambivalenzen der indischen Religion gezogen hätte. Manche seiner Ansichten ähnelten solchen, die John und George geäußert hatten. So glaubte Manson z.B., dass es keinen absoluten Maßstab für Recht und Unrecht gäbe. George hatte sich einmal bzgl. seiner Meditationserfahrung so geäußert:

„Wenn man in einen Zustand kommt, der jenseits dieses relativen Feldes liegt, dann gibt es so etwas wie gut oder schlecht nicht mehr (George in: Turner S. 269)."

Manson vertrat die Meinung, es gebe keinen Tod, vielmehr sei der Tod nur eine Veränderung der Form. Ähnlich hatte sich George in Übereinstimmung östlicher Philosophie geäußert: *„Es gibt keine Geburt und keinen Tod (George in: Turner ebda.)."* Manson trieb die psychedelische Religion der Hippiebewegung bis zu einem extremen logischen Schluss. Kein Rest irgendeiner christlichen Moral hielt ihn zurück. Er lehrte seine Anhänger, dass alles, was wir für Wirklichkeit hielten, in Wahrheit Illusion sei und dass nichts Falsches daran sei, ein Leben zu beenden. Ob tot oder lebendig, eine Person sei immer Teil des kosmischen Ganzen und insofern sei der Tod nicht von Bedeutung. John hatte sich 1969 dazu so geäußert:

„Ich bin auf den Tod vorbereitet, weil ich nicht an ihn glaube. Ich glaube, das ist nur so, als ob man aus einem Auto aus- und in ein anderes einsteigt (John in: Turner ebda.)."

Entsprechend hatte eines der Mädchen, die für Manson töteten, später argumentiert, ihre Taten könnten doch nicht böse sein, weil es sich so richtig angefühlt hätte, als sie tötete.

Für Manson war das Weiße Album ein prophetisches Werk mit einer persönlichen Botschaft der Beatles an ihn und zum Teil eine aufwiegelnde Botschaft an die schwarze Bevölkerung. Nachdem er einmal dieses Szenario für sich als zutreffend entwickelt hatte, schienen große Teile des Albums seine Auffassung zu bestätigen:

„*Blackbird* forderte radikale Schwarze auf, endlich ihre Flügel auszubreiten. *Piggies* war eine verschleierte Attacke gegen die weiße Bourgeoisie, die Prügel bekommen musste. *Happiness is a warm gun* ermunterte die Militanten, sich zu bewaffnen. In *Revolution* forderte John Manson auf, seine Pläne zu erkennen. *Honey Pie* war eine Bitte, seine unveröffentlichte Musik zu hören, seine *Hollywood Songs*. *Helter Skelter* mit seiner Darstellung eines Menschen, der von ganz oben nach ganz unten geht, war eine Anspielung auf die Höhlen, in der die Manson-Familie sich während des Rassenkrieges verstecken würde.“

Das Weiße Album lag ständig auf dem Plattenteller auf der Wüstenranch. Wie ein inspirierter Endzeitprediger erklärte Manson seinen Anhängern jedes Detail der Texte. Als sie dann schließlich die Morde für ihn ausführten, fühlten sie sich, als ob sie eine Prophezeiung der Beatles erfüllten. Was auch immer Manson sich auf dem Album anhörte, er fand überall Bezüge zu sich. Selbst solche Songs wie *I Will, Yer Blues,* oder *Don't Pass Me By* verstand er als Bittbriefe der Beatles an ihn. Selbst *Revolution No. 9*, der einzige Titel ohne Text, war für ihn das neunte Kapitel der Offenbarung übersetzt in Soundeffekte von der bevorstehenden Feuersbrunst. Er fragte sich, warum John sonst Schüsse, das Quieken von Schweinen und die Stimme eines Mannes, der „Rise" (Erhebt euch) rief, in diesen Titel hätte einbauen sollen – aus Mansons Sicht ein klarer Aufruf an ihn, mit dem Aufstand zu beginnen.

In dem Ereignis der Tate-LaBianca-Morde schien alles, was in der Hippie-Bewegung falsch lief, zu kulminieren. Damit wurde auch das Ende der damals in weiten Kreisen vorhandenen Popularität der bunt-fröhlichen und friedlichen Flower-Power-Bewegung, in der die Beatles in gewisser Weise auch als

Galionsfiguren angesehen wurden, eingeläutet. Ohnehin hatte sich 1969 auch überall der Eindruck breitgemacht, dass aus dem Traum einer Gegenkultur basierend auf Freiheit und Liebe, wie sie von vielen Musikern und Hippies propagiert worden war, keine Wirklichkeit werden würde. Allein mit „Drugs, love and peace" konnte man auf Dauer weder als Individuum noch als Gesellschaft existieren; der banale Alltag meldete sich auch bei den Hippie-Jüngern verstärkt zurück. Allerdings hatte bis dahin die Beseitigung traditioneller Schranken und Konventionen, wozu die Beatles durch ihr Auftreten, ihre Musik und ihr Drogenkonsum maßgeblich beigetragen hatten, zu einer gesteigerten Akzeptanz alternativer Lebensweisen geführt, die früher als abartig gegolten hatten. Mit ihrem Auftreten und ihren Songs, womit sie häufig gesellschaftliche Konventionen und Traditionen in Frage stellten, wurden die Beatles zu Wegbereitern eines neuen Lebensgefühls – von den Beatles-Stiefeln und langen Haaren von 1963 bis zu Kritik am Christentum, Drogenkonsum und Nacktheit von 1968 hatten sie sich immer wieder über bürgerliche Konventionen hinweggesetzt. Dies führte einerseits zu einer Explosion von

Kreativität in den populären Künsten aber auch dazu, dass es keine Grenzen mehr gab, die von allen akzeptiert wurden. Die individuelle Freiheit gewann immer mehr an Bedeutung. Für viele junge Leute wandelte sich in jener Zeit ihr vielfach reglementiertes Leben in ein Leben voll wilder Improvisation, in der die Werte ihrer Eltern nichts mehr zählten. Ende der 60er Jahre mehrten sich allerdings schon die Anzeichen, dass die Zerstörung gesellschaftlicher Werte aber auch Schäden hinterließ. Unzählige junge Leute konnten zwar feststellen, dass Drogenkonsum die Fantasie und Kreativität beflügeln konnte, aber häufig zu einer Versklavung mit schlimmen körperlichen, geistigen und sozialen Folgen führte. Viele Hippies bezahlten bei sogenannten „Acid-Unfällen" ihren LSD-Drogenmissbrauch mit ihrem Leben oder mit schweren geistigen Schäden.

Die von den Beatles geschilderten Drogenerfahrungen und spirituellen Exkurse förderten die Vorstellungen eines religiösen Supermarktes, in dem man sich nach Bedarf mit spirituellen Zutaten versorgen und sich aus den besten Versatzstücken mehrerer Religionen eine eigene Religion basteln konnte. Dies begünstigte auch das

Aufkommen zweifelhafter Sekten, die nicht selten Gehirnwäsche betrieben und die lediglich den Finanz- oder Machtinteressen der Sektenführer nutzten. Vor dem Hintergrund dieses Zeitgeistes und der damaligen musikorientierten Jugendkultur wird auch der Erfolg von Charles Manson bei seinen Anhängern etwas verständlicher. Einen gewissen Einfluss wird auch der Sachverhalt gehabt haben, dass die Beatles in den USA nicht nur als Popjünger verehrt wurden, sondern geradezu religiöse Verehrung erfuhren. Dies zeigte sich u. a. darin, dass man ihnen in den USA wiederholt kranke oder behinderte Kinder brachte, damit sie ihnen die Hände auflegen sollten, Situationen, die die Beatles verabscheuten. Der Drogenpapst Timothy Leary, der in Drogen die Religion des 21. Jahrhunderts sah, brachte sie sogar in unmittelbare Nähe zu Gott, indem er sagte:

„Wie raffiniert und unerwartet und doch so typisch für Gott, dass er seine Botschaft diesmal durch die elektrischen Instrumente von vier Männern aus Liverpool sendet. (...) Die Botschaft aus Liverpool ist das Neueste Testament von vier Evangelisten – den Heiligen John, Paul, George und Ringo (in: Turner S. 205).“

Die Beatles hatten sich von den Tate/LaBianca-Morden natürlich entrüstet distanziert und ihre Empörung darüber zum Ausdruck gebracht, dass ihre Songs auf so schlimme Weise missbraucht worden waren. Sie hatten sich nicht träumen lassen, dass man ihre Texte als Anweisungen für eine blutige Revolution verstehen könnte. Andererseits ist aber auch nicht erkennbar, dass den Beatles überhaupt bewusst wurde, wie vielfältig ihr Einfluss auf das unheilvolle Drogen- und Sektenwesen in den USA in jener Zeit war. Sie hatten aber maßgeblich zu dem damals herrschenden Zeitgeist und der Entstehung einer jugenddominierten Gegenkultur beigetragen. Jedenfalls wirkt das Statement von Paul McCartney zu diesem Manson-Komplex ziemlich oberflächlich und lässt ein nötiges Maß an Selbstkritik vermissen, als er meinte:

„Wenn ich etwas aus der ganzen Manson-Episode gelernt habe, dann, dass man nicht zu viel in Songs hineinlesen sollte, weil das ziemlich gruselig werden kann (in: Turner S. 271)."

1970 wurde John aufgefordert, als Zeuge im Manson Prozess in Los Angeles auszusagen und insbesondere zur Bedeutung einiger

Beatles-Texte Stellung zu nehmen. Manson hatte im Nachhinein behauptet, er habe sich von Songs wie *Helter Skelter* und *Piggies* aus dem Weißen Album zu den Morden inspirieren lassen. John konnte sich gar nicht vorstellen, dass jemand aus diesen Songs überhaupt eine gewalttätige Botschaft herauslesen konnte. Es bedrückte ihn, dass womöglich noch andere Psychopathen die Musik der Beatles als Rechtfertigung für ihre verrückten Handlungen verwenden könnten. Er erklärte, dass er denselben Wahn, von dem Manson besessen war, auch schon in den Augen einiger Fans entdeckt habe, die immer irgendwo auf ihn gewartet hätten. Dennoch war er nicht bereit, als Zeuge in dem Fall aufzutreten. Er zog sich aus der Affäre, indem er fragte:

„Weshalb soll ich das tun? Schließlich habe ich Helter Skelter nicht geschrieben! Paul hat es geschrieben (Pang 1984, S. 35)."

Als John und Yoko in jenen Tagen von New York nach Japan flogen, war er sichtlich bemüht, einen Zwischenstopp in Los Angeles um jeden Preis zu vermeiden, um sich der Zeugenaussage zu entziehen. Nun, es war noch nie eine von Johns Stärken, Verantwortung zu übernehmen.

VIII.   Über das Gerücht von Pauls Tod

Im Herbst 1969 kam in Amerika das Gerücht auf, Paul sei bei einem Verkehrsunfall ums Leben gekommen. Dieses Gerücht begann damit, dass der amerikanische Discjockey Russ Gibb behauptete, er habe einen anonymen Anruf erhalten, wonach Paul McCartney tot sei. Als Beweis wurde angegeben, dass man am Ende des Songs „Strawberry Fields forever", wenn man ihn rückwärts abspielt, hören könnte, wie John singt „I buried Paul" (Ich beerdigte Paul).

Diese Nachricht, kaum dass sie in der Welt war, wurde dann von einem journalistisch tätigen Studenten namens Fred LaBour weitergetrieben. Er schrieb für eine Universitätszeitschrift ein Schelmenstück, in dem er argumentierte, Paul sei im November 1966 gestorben und durch einen Doppelgänger namens William Campbell ersetzt worden. Dann zählte er mehrere Hinweise auf, die seine Behauptung angeblich stützen würden, wie z. B. dass Paul auf dem Sgt.-Pepper-Album ein Abzeichen mit den Buchstaben O.P.D. trug, was für „Officially Pronounced Dead" (offiziell für

141

tot erklärt) stand. Auf der Rückseite des Covers wendet Paul als Einziger der Kamera den Rücken zu, während John, George und Ringo nach vorne schauen. Den Hinweis aus dem letzten Titel des Albums auf einen Mann, der sich im Auto den Verstand ausblies („he blew his mind out in a car") deutete LaBour natürlich als Bezug auf Pauls Unfalltod. Das Cover des Sgt.-Pepper-Albums wurde als Darstellung einer Trauerversammlung vor einem frisch ausgewobenen Grab gesehen, die sich anlässlich Pauls Beerdigung eingefunden hätte. Der Blumenschmuck im Vordergrund sollte eigentlich nur eine Gitarre darstellen; man kann ihn aber mit einer gewissen Phantasie als Gestaltung des Namens „Paul" betrachten. Das Cover des Abbey-Road-Albums wurde außerdem als Abbildung einer Beerdigungsprozession mit weiteren Anspielungen angesehen. John, in Weiß gekleidet, führt die Gruppe über den Zebrastreifen an und stellt angeblich das Göttliche oder einen Priester dar. Ringo hinter ihm in schwarzer symbolischer Trauerkleidung kann als Bestattungsunternehmer oder Trauernder gedeutet werden. Paul dahinter als Dritter ist der Einzige, der nicht im Gleichschritt ist. Er geht barfuß, was in manchen Kulturen als

Symbol des Göttlichen oder des Übergangs vom Leben zum Tod angesehen wird. Manchem kam auch der Sachverhalt, dass Paul als Linkshänder eine Zigarette in der rechten Hand hält, verdächtig vor. Als Letzter der Gruppe geht George in Jeans und Arbeitshemd, wodurch er als Totengräber identifiziert wurde. Dann gab es ja auch noch den geparkten VW-Käfer im Hintergrund mit dem Kennzeichen 28 IF, was als weiteres Indiz für Pauls Tod genommen wurde, da er angeblich 28 Jahre alt gewesen wäre, falls er noch gelebt hätte. Aber dieser Hinweis war ebenso falsch wie alle anderen, denn Paul war zu dieser Zeit erst 27 Jahre alt und lebte noch.

Zwar sollte LaBours Artikel nur ein Scherz sein, doch daraus entstand ein Gerücht, über das ausgiebig berichtet wurde und das sich verselbstständigte. Selbst seriöse Medien griffen die Geschichte auf. Bis Ende 1969 fanden Beatles-Fans nahezu hundert Hinweise, die der Geschichte von Pauls Tod scheinbar Plausibilität verliehen. In kurzer Zeit entstand aus dem Gerücht eine regelrechte kleine „Paul-is-dead" Mini-Industrie, und ein Magazin widmete eine ganze Ausgabe diesem Thema (vgl. Brown/Gaines 1983, S. 339).

Hintergrund war wohl der Sachverhalt, dass sich Paul, der aus der Distanz die Eskapaden Johns beobachtet hatte, wohl zu dem Schluss gekommen war, dass es wohl nie mehr ein neues Beatles-Album geben würde. Nun sah er wohl für sich den Moment gekommen, einen Schlussstrich zu ziehen und sein erstes Solo-Album zu machen. So packte er sich seine Linda, die beiden Kinder Mary und Heather sowie ihren Hund Martha und zog sich im Herbst 1969 mit ihnen auf seine rustikale Farm nach Schottland zurück. Zudem wollte er der ganzen Unruhe um das Apple-Unternehmen, in dem er nichts mehr zu sagen hatte, entfliehen. Auf diese Weise entzog er sich für mehrere Monate dem Blickfeld der Öffentlichkeit und dem engeren Kreis um Apple und die Beatles. Diese Abstinenz wird ein guter Nährboden für die Entstehung des Gerüchts gewesen sein.

Sehr bald nachdem Russ Gibb im Radio die Nachricht von Pauls angeblichen Tod verkündet hatte, wurde die Apple-Zentrale in London mit Telefonanfragen von Reportern und Fans nahezu lahmgelegt. Alle wollten wissen, ob Paul wirklich tot sei. Peter Brown, der von Paul ins Vertrauen gezogen worden war, und die anderen Mitarbeiter bei Apple fanden dieses Gerücht alles andere als amüsant. Man versicherte allen Anrufern, dass Paul lebe und sich guter Gesundheit erfreue, jedoch verrieten sie niemandem Pauls Aufenthaltsort. Aber das befeuerte die Gerüchteküche nur weiter. Nach einiger Zeit berichtete Derek Taylor dann doch Reportern, dass Paul sich auf seine Farm in Schottland zurückgezogen habe, was diese aber auch nicht zufriedenstellte. Schließlich rief Peter Brown Paul über seine private Leitung auf der Farm an und berichtete ihm, dass die Arbeit bei Apple durch Tausende Anfragen bezüglich seiner Gesundheit zum Erliegen gekommen sei, und fragte ihn, was er zu tun gedenke. Paul antwortete ihm: "Nothing, just letitgo!" (Nichts, lass es einfach laufen). Daran hielt sich Peter Brown, bis sich die Situation nach wenigen Tagen weiter zuspitzte. Peter Brown rief darauf Paul erneut an und meinte, dass man jetzt eine Stellungnahme geben oder irgendeinen Nachweis liefern müsse, dass dieses Gerücht gegenstandslos sei. Aber Paul hatte sich festgelegt, nichts dazu zu sagen und in Schottland zu bleiben. Und dabei blieb es.

Dem Life-Magazin genügten die erhaltenen Auskünfte aber nicht. Die Herausgeber wollten nun einen Fotobeweis haben, mit dessen Veröffentlichung sie nachweisen könnten, dass Paul noch lebte. Deshalb schickten sie ein Team von Reportern und Fotografen nach Schottland, um Paul aufzusuchen und diese Fotobeweise zu besorgen. So brach dann bald auch ein Team von „Life" zu diesem Zweck auf. Dazu musste die Gruppe zum Schluss ca. 7 km zu Fuß durch Feuchtwiesen bewältigen, bis sie Pauls Farm erreichten. Dort wurden sie schnell von Hündin Martha entdeckt, deren Bellen dann auch Paul herbei rief. Empört über die Verletzung seiner Privatsphäre, verwies er die Gruppe direkt von seinem Grund und Boden. Aber da hatten die Fotografen schon zahlreiche Fotos des wütenden Pauls gemacht. Das machte Paul noch wütender. Er nahm sich einen gefüllten Wassereimer, den er über den Kameramann ausgoss, was dieser allerdings auch fotografierte. Kaum waren die Leute von „Life" gegangen, realisierte Paul, dem seine öffentliche Reputation immer sehr wichtig war, was er getan hatte. Er sprang in seinen Geländewagen und fuhr der Gruppe hinterher. Er kehrte dann wieder seine charmante Seite hervor und entschuldigte sich für seinen Wutausbruch. Er bot an, als Gegenleistung für die Rückgabe der gerade gemachten Fotos ein exklusives Interview zu gewähren und zusätzlich ein paar exklusive Aufnahmen seiner kurz zuvor geborenen Tochter Mary zu liefern. So einigten sie sich dann auch. Das daraus resultierende Interview wurde darauf die Titelstory des Life-Magazins vom 7. November 1969 mit ganz neuen Fotos. Aber auch dies überzeugte die damaligen Verschwörungstheoretiker nicht, denn sie argumentierten, der interviewte „Paul" sei lediglich ein Schauspieler gewesen, der an der Verschwörung beteiligt gewesen sei! Als Paul später wieder im Apple-Gebäude war, amüsierte er die dort Anwesenden, mit seiner Bemerkung: *„Die Gerüchte über meinen Tod waren wirklich übertrieben. Jedoch, wenn ich tot wäre, wüsste ich sicher als Letzter davon (Paul McCartney in: Brown/Gaines 1983, S. 341)!"*

Die Episode deutet aber auf das besondere Ansehen der Beatles damals hin. In dem sich immer mehr säkularisierenden damaligen Zeitgeist hatte sich die spirituelle Neugier an der Popkultur geschult, die nicht mehr nur Unterhaltung, sondern auch Orientierung bei ihren Idolen suchte. Die Beatles waren offenbar schon Gegenstand von Mysterien und Legenden geworden, wie sie früher bei religiösen Führern oder Kriegshelden entstanden waren. Das kann man auch als Hinweis für ihre damals geradezu entrückte Stellung in der Popkultur ansehen. Aber die Beatles hatten nicht die geringste Absicht, eine spirituelle Führungsrolle zu übernehmen, auch wenn sie in vielen späteren Songs diesbezügliche Botschaften einbauten. Vielmehr waren sie sich ihrer eigenen Unzulänglichkeiten und ihrer eigenen Bedürfnisse nach geistiger Führung zu sehr bewusst.

Vielen Zeitgenossen mag dieses Gerücht über Pauls angeblichen Tod nur als eine unbedeutende Episode am Rande der Beatles-Historie erschienen sein. Für den Halter des VW-Käfers mit dem Kennzeichen 28 IF, der auf dem Abbey Road-Cover zu sehen war, hatte das Gerücht doch unangenehme Folgen. Das Nummernschild wurde mehr als 10 mal gestohlen, zuweilen inklusive Motorhaube, so dass der Halter das Auto irgendwann entnervt verkaufte. Das Auto war dann auch eine Berühmtheit geworden, sonst hätte es fast 20 Jahre später bei einer Versteigerung bei Sotheby's nicht den stolzen Preis von 2300 Pfund erzielt (vgl. Hill, Daily Mail 2015, S. 365).

IX. Yoko Ono und das Ende der Beatles

Die Trennung der Beatles, die für nahezu ein Jahrzehnt die Welt der populären Musik dominiert hatten, war für viele Fans und Zeitgenossen ein trauriges Ereignis und eine Zäsur der Musikgeschichte. Da in jener Zeit nur wenige Insider, die Zugang zum inneren Kreis der Beatles hatten, die schon länger erkennbaren Auflösungserscheinungen in der Band kannten, suchten viele nach einem Sündenbock. Für viele Zeitgenossen war es eine ausgemachte Sache, dass der Zerfall der Band mit dem Auftreten Yoko Onos im Leben von John Lennon im Jahr 1966 begann. Angeblich habe Ihr Eindringen in die Band bei ihrer Studioarbeit und ihre Beeinflussung Johns für ihre Interessen den inneren Zusammenhalt und insbesondere Johns Verhältnis zu den anderen Beatles zerrüttet. Damit war für viele Fans und Kritiker die Hauptschuldige ausgemacht.

Allerdings war das Ende der Beatles das Ergebnis eines vielschichtigen Prozesses und interner Konflikte und nicht auf eine Ursache, etwa dem Einfluss Yokos, zurückzuführen.

Heutzutage, mehr als 50 Jahre nach dem Ende der Band, liegen zahlreiche Veröffentlichungen von Zeitzeugen und Mitgliedern des inneren Zirkels der Beatles über diesen Prozess vor, so dass eine differenzierte, genauere Betrachtung des Endes der Beatles möglich ist.

Die folgenden Ausführungen nehmen nun die Person Yoko Ono genauer unter die Lupe, untersuchen ihren Werdegang, ihren Charakter sowie ihre Beziehung zu John Lennon. Am Ende wird es möglich sein, Yokos Bedeutung für das Ende der Beatles differenzierter zu beurteilen.

1. Yokos biografischer Hintergrund

Yoko Ono (ihr Name bedeutet etwa „Ozeankind") wurde am 18. Februar 1934 als älteste Tochter eines prominenten Bankiers und einer adligen Mutter in Tokyo geboren. Die Familie ihrer Mutter, die Yasudas, kann man als das japanische Äquivalent der amerikanischen Rothschilds oder Rockerfellers ansehen, die gegen die Heirat ihrer Tochter mit ihrem bürgerlichen Vater war. Yoko hatte keine enge Bindung zu ihrem

Vater, der vor ihrer Geburt von seiner Bank in Yokohama als Leiter einer Zweigstelle nach San Francisco geschickt wurde. Sie lernte ihren Vater erst kennen, als ihre Mutter 1936 mit ihr zu ihrem Mann dorthin zog. Angesichts des japanischen Angriffs auf Pearl Harbor 1941 wurde die Familie dann nach Japan ausgewiesen. In Japan lebte Yoko zunächst mit ihrer Mutter und den beiden jüngeren Geschwistern sowie Bediensteten auf dem Land allerdings ohne Versorgung und Verpflegung. Ihre Mutter verließ sie bald in Richtung Tokyo, worauf die Diener die Kinder bald verließen und völlig mittellos zurückließen. Yoko musste lernen, sich und ihre beiden Geschwister irgendwie durchzubringen, bis sie nach Kriegsende wieder mit ihren Eltern vereint sein konnten. 1951 wurde ihr Vater Präsident des Ablegers der „Bank of Tokyo" in New York, worauf die ganze Familie dorthin in ein großes Haus zog. Yoko besuchte dort für drei Jahre ein College, studierte Philosophie und erhielt in dieser Zeit wohl auch eine Klavierausbildung. Gelangweilt von den Schulvorschriften warf sie alles hin und verließ die Schule. Als sie 23 Jahre alt war, heiratete sie einen mittellosen japanischen Komponisten und Pianisten namens Toschi Ichiyananagi, worauf ihre

Mutter ihr prompt jegliche Geldzuwendung strich. Dadurch wurde Yoko völlig mittellos. Ihre Ehe hielt sieben Jahre, in denen das Paar in billigen Apartments lebte. Ihr Mann Toschi sah sich als Avant-Garde-Musiker bzw. -künstler, der sie ermutigte , mit ihm zusammen zu komponieren. Aber es war für einen Avant-Garde-Künstler jener Zeit nicht leicht, sich im Wettbewerb zu behaupten. Zwischenzeitlich verliebte sie sich in die Musiker John Cage und La Monte Young.

Yokos erste Ausstellung sogenannter Konzeptkunst 1960 in einer kleinen Galerie in der Madison Avenue wurde jedoch in Grund und Boden gestampft. Dort präsentierte sie eine sog. „ewige Uhr", die nur aus einer alten, von Plastik umhüllten Uhr bestand, deren Ticken man nur mithilfe eines angehängten Stethoskops hören konnte. Das Publikum hatte keinen Sinn für ihren provokanten Humor. So erhielt auch ihr Konzert im „Village Gate", in dem die von den Besuchern verursachten Geräusche auf den Toiletten durch darin angebrachte Mikrofone zu hören waren, vernichtende Kritiken. Sie wollte als Künstlerin um jeden Preis anders sein; ihre „Kunst" bestand vor allem aus intellektueller Provokation ohne einen eigenen kunstfertigen Hintergrund.

Aber die allgemein harsche Kritik nahm ihr jede Chance, als Künstlerin anerkannt zu werden. 1961 brachte sie mit ihrem Mann zusammen in Tokyo ein musikalisches Tanzmusical auf die Bühne. Die Kritiken waren schrecklich und die Presse ließ kein gutes Haar an ihrer Arbeit. Yoko fühlte sich am Boden zerstört, sah den Grund für ihren Misserfolg aber nur in einem Boykott der männlich dominierten Szene. Selbstkritik ließ sie nicht erkennen. Als dann eine Kritik aus Tokyo ihr sogar Plagiatsvorwürfe hinsichtlich ihrer Ideen machte, versuchte sie sich umzubringen. Auch später musste sie immer wieder frustriert erleben, dass die Gesellschaft sie nicht als Künstlerin akzeptierte. Vor ihrem biografischen Hintergrund und ihrer Erfahrung als Künstlerin, muss man sich als außenstehender Betrachter schon sehr wundern, woraus sich ihr nahezu arrogantes späteres Selbstbewusstsein als Künstlerin speiste und mit welchem Selbstbewusstsein sie sich dann auch erkühnte, andere Künstler und auch das Werk der Beatles geringzuschätzen.

Mit 29 Jahren ließ sie sich scheiden und heiratete den Avant-Garde-Künstler Tony Cox, den sie in Japan kennergelernt hatte.

1963 wurde ihre Tochter Kyoko geboren, aber Yoko wollte das Baby eigentlich nicht haben, weil sie sich noch nicht bereit dafür fühlte. Da sie aber schon mehrere Abtreibungen hinter sich hatte, hatten ihr die Ärzte dringend von einer weiteren abgeraten. So wurde Kyoko geboren. Sie hoffte, nun als Mutter mehr Anerkennung zu erhalten. Aber diese Hoffnung trog und es gelang ihr auch nicht, eine enge Bindung zu Kyoko zu entwickeln. Stattdessen war sie damit beschäftigt, sich ihren Platz in der Welt zu erkämpfen. Mit Tony Cox zog sie wieder nach New York. Dort fühlte sie sich aber wenig geschätzt, sogar unterdrückt. Sie wusste nicht, was sie tun sollte. Dann veröffentlichte ein englischer Journalist in England einen Artikel, in dem Yoko erwähnt wurde. Bald darauf wurden sie und ihr Mann eingeladen, in London an einem Symposion unter dem Thema „Die Zerstörung der Kunst" teilzunehmen. Im Oktober 1966 kamen sie in London an, nahezu pleite. Mithilfe ihres amerikanischen Kunstfreunds Dan Richter fanden sie eine Wohnung in der Park Row. Bald nach ihrer Ankunft in London besuchte Yoko alle Vernissagen der Robert-Fraser-Gallery und rückte ihm danach immer wieder wegen ihrer eigenen Arbeiten auf die Pelle, er möge ihr eine eigene Ausstellung ausrichten. Robert Fraser hatte sie jedoch abblitzen lassen und einmal gegenüber Paul McCartney geäußert:

„Dieses Weib ist ganz schön penetrant. Die will um jeden Preis berühmt werden, verstehst du? Die treibt ihre Karriere mit allen Mitteln voran (Fraser in: Miles, S 577)."

Einige Wochen danach traf sie John Lennon in der „Indiaca Gallery".

2. Wie Yoko sich John angelte

Anfang November 1966 war es bei Tour-Managern und der Presse bekannt geworden, dass die Beatles keine Tourneen mehr machen wollten. Der Mitarbeiterstab der Beatles erlebte darauf eine Welle telefonischer Presseanfragen, und immer wieder versicherten sie, dass die Beatles sich nicht getrennt hätten. Am 8. November erhielt John, der gerade drei Tage hintereinander auf LSD war und sich weder gewaschen noch rasiert hatte, einen Anruf von John Dunbar, einem Londoner

Galleristen, mit dem ihn durch gemeinsamer Drogenkonsum eine gewisse Freundschaft verband. Er lud ihn für den folgenden Tag zu einer Ausstellungsvorschau in die Indiaca Gallery ein und überredete ihn mit vagen sexuellen Anspielungen zu kommen. Der Titel der Ausstellung lautete „ Unvollendete Gemälde und Objekte von Yoko Ono". John sagte zu.

Am besagten Tag, dem 9. November, erschien John in der Gallery. Er wurde von John Dunbar empfangen und durch die Ausstellung geführt. So etwas hatte John noch nie gesehen; die Objekte waren einfach und beliebig-launenhaft präsentiert. Da lag zum Beispiel ein gewöhnlicher Apfel auf einem Sockel mit einem 200 Pfund Preisschild daran. John vermutete amüsiert, dass jemand 200 Pfund für das Privileg zahlte, einen Apfel faulen zu sehen. Weiterhin gab es da eine Trittleiter mit einer Lupe darauf. Wenn man darauf hochkletterte, konnte man mit der Lupe das Wort „Yes" klein an die Decke gekritzelt lesen. Auf einem Brett waren mehrere Nägel teilweise eingeschlagen. Eine Notiz daneben fordert dazu auf, einen Nagel einzuschlagen. Im Basement der Galerie, wo viele langhaarige junge Leute auf dem Boden saßen, stellte

John Dunbar John die Künstlerin Yoko Ono, eine kleine schmächtige Japanerin, vor. John fragte sie leicht enttäuscht, wo die Orgie sei, denn bis dahin konnte er nichts an sexuellen Aktivitäten sehen. Yoko gab ihm darauf wortlos eine Karte, auf der „Atme" stand, worauf John hechelte. Dann gingen sie gemeinsam mit Dunbar durch die Ausstellung, wobei Yoko ihren Arm um Johns Taille legte und ihm die Objekte erklärte. John fragte einmal, ob er einen Nagel in ein Brett einschlagen könnte, was Yoko aber ablehnte, da die Ausstellung ja erst am folgenden Tag eröffnet wurde. John Dunbar reagierte darauf verärgert und forderte, sie möge ihn doch einen Nagel einschlagen lassen. Schließlich stimmte Yoko zu, dass er für fünf Shilling einen Nagel einschlagen könne. John war verärgert und amüsiert zugleich; er beendete die Episode, indem er vorschlug, fünf imaginäre Shilling zu zahlen und dafür einen imaginären Nagel einzuschlagen. Als John schließlich nach Hause wollte, fragte sie ihn, ob sie ihn begleiten dürfe, was John, der seit drei Tagen auf den Beinen war, aber in aller Höflichkeit verneinte.

Nachdem sie John kennengelernt hatte, weist Yokos Verhalten eindeutig darauf hin, dass sie ihn sich ‚angeln' wollte und dass sie dabei berechnend und hartnäckig vorging. Nach dem ersten Treffen setzte sie Himmel und Hölle in Bewegung, um ihn wiederzutreffen, obwohl sie Rock-Musik nicht mochte und auch keinen Zugang zu der Musikwelt hatte, in der sich John bewegte. Sie bombardierte ihn mit Briefen und Postkarten, die sie teilweise mit Gedichten und kurzen Perfomance-Stücken gestaltete. Als John sie zum zweiten Mal sah, verlief das Treffen aber wenig aufregend. John, wieder heftig mit Drogen zugedröhnt, traf sie zufällig auf einer Kunstausstellung. Sie nickten einander zu und blieben aber während ihrer Anwesenheit auf Distanz, ohne miteinander zu reden. Einige Wochen später erschien sie im Warteraum des Beatles-Büros und wollte John sprechen. Sie brauchte finanzielle Unterstützung für ihr nächstes Kunstprojekt, wozu sie einen Löwen auf dem Trafalgar Square verhüllen wollte. Doch traf sie dort nur auf Neil Aspinall, der sich veralbert fühlte und sie abwies. Als ihr dann aber Ringo zufällig begegnete, versuchte sie, ihn für ihr Anliegen zu schnappen. Aber für ihr philosophisch-künstlerisches Gerede war Ringo nicht empfänglich, war für ihn so obskur, dass sie auch Japanisch mit ihm hätte reden können.

In dieser Phase zeigte Yoko nun eine für sie charakteristische Eigenschaft, die später ihre persönliche Assistentin May Pang, die in New York lange für sie arbeitete, ausführlich erklärte. Yoko hatte ein stark manipulatives Wesen, indem sie immer wieder versuchte, andere Menschen dazu zu bringen, auch gegen ihren Willen etwas für sie zu tun. Sie verstand sie es gut, andere für ihre Ziele zu instrumentalisieren, vor ihren Karren zu spannen. Dazu nervte sie ihren Ansprechpartner immer wieder mit ihren Bitten und Wünschen, immer wieder insistierend – auch über längere Zeit – bis derjenige ihr irgendwann ihren Willen erfüllte.

„Sie wird dir wie der Teufel im Nacken sitzen und dich antreiben, bis du es fertiggestellt hast. (...) Sie wird dich immer wieder löchern, etwa in der Art von: Wie weit bist du schon damit? Das wird sie solange wiederholen, bis du sagst: Okay, und dann wird sie dich weiter antreiben. Sie wird dich antreiben und antreiben ... So macht sie es immer. Yoko ist eine verdammt merkwürdige Person (May Pang S. 13)."

In dieser Weise hatte Yoko John über mehrere Wochen bearbeitet. Obwohl John oft ärgerlich über manche Sendungen Yokos war, fühlte er sich aber auch oft amüsiert. Bald fand John doch Gefallen an ihrer verschrobenen surrealen Kunstauffassung und sie trafen sich gelegentlich. Anfangs war er nur an Yoko als Künstlerin interessiert, wodurch es eine rein intellektuelle Beziehung war, für mehr als ein Jahr. Mit seinem an Brigitte Bardot orientierten Schönheitsideal konnte sie diesbezüglich John auch nicht beeindrucken. Aber sie fand in John schließlich doch einen Förderer ihrer skurrilen Projekte. So hatte er unter der Bedingung, dass sein Name nicht genannt werden dürfe, ihr eine Ausstellung mit dem Titel „The Half Wind Show" in der Lissom Gallery finanziert. Darin wurden eben halbe Sachen wie ein halber Stuhl, ein halbes Bett, eine halbe Tasse und dergleichen präsentiert. Die Flut von Yokos Briefen an John hielt auch danach an, und John wurde mehr und mehr von ihren Vorstellungen fasziniert.

Als John mit den anderen Beatles im indischen Rishikesh beim Maharishi weilte, ließ er sich Yokos Briefe nachschicken, ohne dass seine Frau Cynthia, die mit ihm in Indien war, davon etwas mitbekam. In Indien nahm

John keinerlei Drogen und auch keinen Alkohol zu sich, wodurch er dort die gesündeste Zeit seit langem erlebte. Auf dem Rückflug von Indien nach England hatte John den Drang, seiner Frau Cynthia mitzuteilen, dass er während ihrer gesamten Ehezeit Affären hatte und sie in unzähligen Fällen betrogen hatte. Mit Tränen in den Augen meinte Cynthia, dass sie davon nichts hören wolle. Offenbar wollte John mal reinen Tisch machen oder Cynthia wehtun, jedenfalls fuhr er fort, seine Affären incl. der mit Joan Baez oder mit Cynthias Freundinnen aufzuzählen. Als sie schließlich landeten, war Cynthia völlig aufgelöst, dass sie sich trennten. John fuhr nicht mit ihr nach Hause zurück. Bald darauf begann John wieder Trips zu werfen. Als John nach einigen Tagen unter LSD-Einfluss zu Cynthia zurückkehrte, meinte er zu ihr, sie sollten mehr Kinder haben. Cynthia wusste, dass seine Eingebung nur ein Nebeneffekt von LSD war und brach in Tränen aus. Sie war einem Nervenzusammenbruch nahe, packte schließlich ihren Sohn Julian und ließ John allein im Haus zurück. In den Tagen darauf ließ sich John treiben und verbrachte einige Zeit mit seinen Kumpels Derek, Terry und Pete Shotton. Einmal rief er mitten in der

Nacht Yoko an und fragte sie, ob sie nicht zu ihm nach Weybridge kommen wolle. Eine Stunde später erschien Yoko per Taxi bei ihm. John führte sie durchs Haus und kurz darauf nahmen beide LSD. Im Tonstudio alberten sie endlos herum und lagen schließlich nackt und „high" auf dem Boden, wobei sie ihre eigenen Geräusche und Töne aufnahmen. Als die Sonne aufging , schliefen sie miteinander und nannten die Aufnahme „Two Virgins" (zwei Jungfrauen). Sie fühlten sich wie neugeboren. „Two Virgins" wurde später als LP mit einem Cover, das beide nackt zeigte, herausgegeben. Einige Tage darauf kam Cynthia, die zwischenzeitlich einmal mit Magic Alex, Johns Freund, geschlafen hatte – wohl eine Art Retourkutsche für Johns dauernde Untreue - nach Hause zurück. Sie wollte einige ihrer Sachen holen. John bot ihr an, wieder zurückzukommen, da er von Yoko gelangweilt sei. So blieb Cynthia zunächst, doch John teilte ihr danach mit, dass er allein mit Paul nach New York müsse, um dort die Gründung von Apple bekanntzumachen. Julian, Cynthia und ihre Mutter schickte er nach Italien.

Monate später musste Cynthia in Italien durch Presseberichte und -fotos realisieren, dass John sich inzwischen offen mit Yoko als seiner neuen Partnerin zeigte. Sie war am Boden zerstört; sie blieb für eine Woche im Bett, ohne etwas zu essen. Darauf zog sie nächtelang mit dem Sohn des Hotelbesitzers durch Clubs. An einem Morgen erwartete sie Magic Alex, den John zu ihr geschickt hatte, vor dem Hotel. In seinem Auftrag stellte er Cynthia eine Ultimatum: John wollte die Scheidung, um Yoko heiraten zu können. Sollte sie nicht kooperieren, würde John Ärger machen und sie des Ehebruchs beschuldigen, was Alex bezeugen würde. Er hatte ja selbst mit ihr geschlafen und war überzeugt, dass sie es auch mit dem Sohn des Hoteliers fremdgegangen war. Cynthia eilte nach London, um John die Sache mit Alex zu erklären. Als sie dort eintraf, überraschte sie Yoko in ihrem eigenen Bademantel und einem betreten dreinblickenden John. John bestand auf Yokos Anwesenheit bei dem anstehenden schwierigen konfrontativen Gespräch, bei dem Cynthia um ihre Ehe kämpfen wollte. Yoko blieb; jede andere Frau wäre wohl aus Taktgefühl weggegangen. Indem sie ihre damalige Ausnahmesituation als Grund für ihren einmaligen Fehltritt mit Alex hinwies, suchte Cynthia sich – mit Tränen kämpfend – zu entschuldigen. John reagierte aber nicht darauf und sprach nur über seine Bedingungen für die Scheidung. Er riet ihr, sich still zu verhalten und die Ehebruchklage zu akzeptieren. Er würde ihr einen kleinen Ausgleich von 100.000 Pfund gewähren und sie gehen lassen. Dann entschuldigte er sich, er müsse ins Bad und Yoko folgte ihm dahin. Cynthia blieb mit offenem Mund zurück. Später gab John gegenüber Peter Brown zu, dass Yoko von ihm schwanger sei. Das müsse aber geheim bleiben, da dies seine Ehebruchklage gegen Cynthia infrage stellen könnte (vgl. Peter Brown S. 272 f). Um Yoko heiraten zu können, musste sie aber zuerst noch von Tony Cox geschieden werden. Die Verhandlungen darüber wurden mit dem Anwalt von Tony Cox im Büro von Peter Brown im Apple-Gebäude geführt. Als Ergebnis akzeptierte John, alle Schulden von Yoko und Tony zu übernehmen, die sich auf mehr als 100.000 Pfund beliefen. Dazu trug er alle Kosten der Scheidung inklusive eines Hauses für Tony Cox auf den Virgin Islands. Dafür akzeptierte Tony, dass Yoko das Sorgerecht für ihre gemeinsame Tochter Kyoko erhielt (vgl. Brown S. 274).

Seit John und Yoko sich als Paar gefunden hatten, waren sie unzertrennlich und nur noch gemeinsam anzutreffen. John war mehr und mehr von ihr fasziniert und hatte das Gefühl, durch sie auf einmal mehr Lebensoptionen zu erhalten als die Beatles ihm je gegeben hatten. Er fühlte seine alte rebellische Natur aus Jugendzeiten wiederbelebt und sich an seine künstlerischen Ambitionen aus seiner Zeit am Liverpool Art College erinnert. Er wurde offener für Yokos Kunstauffassung, manche seiner späten Songs wie z. B. bei „Yer Blues" lassen ihren avantgardistischen Einfluss erkennen. Yoko überzeugte ihn jedoch davon, dass das Leben eines Popstars hohl und wertlos wäre. Der orientierungslose und verunsicherte John fand nun in ihr neuen Halt und neue Stärke. Sie wurde wichtiger für ihn, als die anderen Beatles sich vorstellen konnten. Einhergehend damit wurden Paul, George und Ringo, die bis dahin nicht nur seine Berufskollegen, sondern auch seine einzigen echten Freunde waren, zweitrangig. Später hatte sich John einmal so über diesen Vorgang geäußert:

„Als ich Yoko kennenlernte, war das so, als ob man zum ersten Mal 'ne Frau kennenlernt und keine Lust mehr hat, mit den Kumpels in Kneipe rumzuhängen (...). Aber als ich einmal die Frau kennengelernt hatte, verlor ich jedes Interesse an den Jungs. Sie waren bloß noch irgendwelche Freunde von früher.

165

Man sagt: Hallo, wie geht's? Wie geht's deiner Frau? Und damit hat sich's ... Meine alte Clique (gemeint waren seine Beatles-Freunde – Anm. d. Verf.) war in dem Moment für mich gestorben, als ich Yoko kennenlernte. Das war mir damals zwar noch nicht bewusst, aber genau das ist passiert. Sobald ich sie kennengelernt hatte, waren die Jungs für mich passé – in diesem Fall waren die Jungs allerdings ziemlich berühmt und nicht bloß irgendwelche Kneipenkumpels (John Lennon in: Miles 1998, S. 609)."

Anfangs thematisierte die Presse - rücksichtnehmend auf Johns Ansehen – kaum Yokos wiederholte Anwesenheit an seiner Seite; er war ja ein verheirateter Mann. Als John jedoch mit ihr bei einer offiziellen Veranstaltung im National-Theater erschien, empfing sie eine Explosion an Blitzlicht-Gewitter, als sie aus ihrem Rolls Royce ausstiegen. Es wurden Rufe bzw. Fragen an ihn laut wie *„Woist deine Frau, John?"* und *„Wo ist Cynthia?"* oder *„Was ist mit deiner Frau, John?"* Am 1. Juli erklärte John im Rahmen der Eröffnung einer von ihm gesponserten Ausstellung, in der Yoko hauptsächlich alte caritative Spenden-Sammeldosen und am Boden einen ca. 2 m. großen Aufdruck „You are here" präsentierte, öffentlich seine Liebe zu ihr. Die Presse berichtete empört und vernichtend über diese fragwürdige Ausstellung. Die öffentliche Meinung äußerte sich mit Aussagen wie *„Bring' uns den alten Lennon zurück"* oder *„Was passierte mit Cynthia und Julian?"* und drehte sich bezüglich John um 180 Grad. Er wurde vom national geschätzten netten Jungen zum Gegenstand von Spott und Kontroversen. Als im Oktober 1968 bekannt wurde, dass Yoko mit Johns Kind schwanger war, gab es landauf-landab in Großbritannien eine gewaltige öffentliche Entrüstung, die sich in Küchen gleichermaßen wie in Kneipen artikulierte. John hatte offenkundig seine gute englische Ehefrau Cynthia zugunsten einer hergelaufenen Japanerin abserviert, die nun auch noch unehelich schwanger von ihm war. Und da gab es ja auch noch dieses skandalöse Nacktcover von „Two Virgins". Die moralische Empörung war enorm und fand seinen Höhepunkt als bekannt wurde, dass beide schwere Drogen nahmen. Das führte auch dazu, dass die Beatles auch insgesamt, die bis dahin immer noch den Ruf von vier netten Jungs aus Liverpool hatten, nun in einem anderen Licht gesehen wurden.

Weil John und Yoko keine gemeinsame Wohnung hatten, lebten sie für Monate aus den Koffern. Ein paar Tage lebten sie in Pauls Haus in der Cavendish Avenue, aber seine Gegenwart bedrückte sie zu sehr. Sie waren dann für ein oder zwei Nächte bei Peter Brown und danach für eine Woche bei Neil Aspinall. Schließlich wohnten sie in Ringos alter Wohnung am Montague Square. Dort fühlten sie sich wie ausgestoßene Gesetzlose und begannen, Heroin zu nehmen, um sich selbst als Künstler zu feiern, wie Yoko sich einmal dazu äußerte. George hatte später Yoko beschuldigt, sie hätte John ans Heroin gebracht (vgl. ebda. S. 275). Es ist vielsagend, dass viele aus Johns engerem Umfeld überzeugt waren, dass Heroin das Mittel war, mit dem Yoko vollständige Kontrolle über John gewann. Für Peter Brown, dem in jener Zeit engsten Vertrauten Johns, bestand jedenfalls kein Zweifel:

„Wenn es einen entscheidenden Grund für die Trennung der Beatles gibt, dann war es Johns Heroin-Abhängigkeit (Brown/Gaines, S. 275)."

Sie glaubten zwar, den Heroinkonsum so gering dosieren zu können, dass er keine ernsthaften Folgen haben würde. Doch sehr

168

bald waren sie abhängig, süchtig. Sie hingen fast den ganzen Juli 1968 in Ringos Wohnung im selbstverschuldeten drogenbedingten Dämmerzustand ab, wobei sie nach Aussage von Paul McCartney maßgeblich von Champagner, Heroin und Kaviar lebten. Bis zum Herbst fiel John wegen seiner Leidenschaft zu Yoko und seines Drogenkonsums als kreatives Element der Beatles und für die Apple-Geschäftsführung nahezu völlig aus.

Im Oktober hatte die Polizei einen Hinweis über den exzessiven Drogenkonsum von John und Yoko in der Wohnung am Montague Square erhalten. Am 18. Oktober erschien ein siebenköpfiges Team von Scotland Yards Drogenabteilung mit zwei Drogenspürhunden bei ihnen. John, noch schwer unter Heroin, konnte gerade noch seinen Heroinvorrat die Toilette herunterspülen, bevor er die Tür öffnete. Die Beamten stellten die Wohnung auf den Kopf, fanden aber nur kleine Mengen von Marihuana. John und Yoko wurden aus der Wohnung zu einem Polizeiwagen geführt, wobei sie ein Blitzlichtgewitter empfing. Sie wurden vorübergehend arrestiert und formell wegen des Besitzes illegaler Drogen angeklagt. Einige Stunden danach erlebte

Yoko beinahe eine Fehlgeburt, wurde ins Krankenhaus gebracht, wo sie mehrere Bluttransfusionen erhielt. Am 21. November stellte sich heraus, dass das ungeborene Kind trotz aller medizinischen Bemühungen nicht zu retten war und in Yokos Bauch sterben würde. John, der Tage und Nächte an Yokos Krankenbett verbracht hatte, ließ sich ein stethoskopisches Mikrofon bringen und nahm die letzten Herzschläge des Embryos vor seinem Tod auf!

Am 20. März 1969, nur acht Tage nachdem Paul und Linda geheiratet hatten, heirateten nun auch John und Yoko. John hatte eine kleine Zeremonie ohne Presserummel gewünscht, zumal sie inzwischen zu nationalen Reizfiguren geworden waren. Er beauftragte Peter Brown – inzwischen Johns engster Vertrauter -, sich um alles zu kümmern. Dieser fand heraus, dass ein britischer Staatsbürger sofort in Gibraltar heiraten konnte. Er charterte ein Flugzeug und besorgte einen Fotografen, der allerdings nicht wusste, worum es ging. Yoko und John, beide ganz in Weiß, wurden noch auf dem Flughafengebiet in einer Zeremonie, die weniger als 10 Minuten dauerte, getraut. Von dort flogen sie nach Amsterdam, wo sie in einem Hotel mit einem „Bed-In" für Frieden und gegen Vietnamkrieg demonstrierten.

Yoko konnte zufrieden sein; ihr Ehrgeiz hatte sich ausgezahlt. Sie hatte sich einen der berühmtesten Männer jener Zeit als Ehemann geangelt, konnte nun über großen Reichtum verfügen und hatte sich in der Kunstszene weltweit einen Namen gemacht, wenn auch einen zweifelhaften.

3. Eindringling und Störfaktor im Bandgefüge

Seit sie ein Paar geworden waren, klebte Yoko buchstäblich an Johns Seite. Es war ein bizarrer Anblick, diese schmächtige, kleine Person - meist ganz in Schwarz - mit wildem langen Haar neben John sitzen, stehen oder gehen zusehen. Zuweilen schaute sie unter dem Hals der Gitarre hervor, wenn John spielte. Als die Beatles im Mai 1968 mit George Martin in den Abbey Road Studios mit den Aufnahmearbeiten für das Weiße Album begannen, fanden sie unerwartet Yoko in ihrer Mitte. Sie dachten, dass sie gehen würde, wenn die ernsthafte Aufnahmearbeit begann, doch John bestand auf ihrer Anwesenheit.

Das war mehr als ungewöhnlich, denn es war eine Verletzung einer ihrer wichtigsten und am sorgfältigsten eingehaltenen Bandregeln: Niemandem war es erlaubt, im Studio zu sein, wenn sie arbeiteten, mit Ausnahme von Mal Evans und Neil Aspinall sowie einem Tontechniker oder dem Aufnahmeleiter George Martin. Wenn schon einmal Freunde erschienen, wurden sie freundlich hinauskomplimentiert. Selbst als Brian

Epstein einmal dort mit einem jungen Mann erschien und er einen musikalischen Vorschlag machte, um seinem Gast zu imponieren, schickte John ihn raus mit der Bemerkung:

„Kümmere dich um deine Anteile, Brian. Wir kümmern uns um die Musik (John Lennon in: Brown/Gaines 1983, S. 269). "

Vielleicht hätte man Yokos Anwesenheit toleriert, wenn sie sich diskret im Hintergrund gehalten hätte. Aber sie mischte sich überall ein. Wenn sie eine Meinung zur Musik hatte, tat sie das kund; nicht nur einmal, sondern ständig. Sie sprach dabei mit der Eindringlichkeit eines Ignoranten, weil sie überhaupt keine Ahnung von Rock-Musik hatte. Beim Spielen saß Yoko unmittelbar neben John und mischte sich wie selbstverständlich in das Geschehen ein. Im Studio kommandierte sie Mal Evans herum, um sich von ihm Essen und Getränke herbeischaffen zu lassen. Besonders sauer stieß die Jungs auf, dass sie ständig ungebetene Kommentare abgab und musikalische Vorschläge machte. Johns Aufmerksamkeit galt aber auch in dieser kritischen Phase mehr Yoko als der Band.

Das machte Paul, George und Ringo richtig sauer.

Als sie sich einmal an das Konzert im Shea-Stadium erinnerten, fragte Yoko, was die Jungs denn in einem Baseball-Stadion gemacht hätten. Als man ihr erzählte, dass sie dort zweimal vor ausverkauften Haus gespielt hätten, meinte Yoko: „Das war 1966? In diesem Jahr gab ich ein Konzert in …" Diese arrogante Bemerkung erntete ein eisiges Schweigen von den Jungs (vgl. Brown/Gaines 1983, S. 269). Paul versuchte nach einiger Zeit, ein wenig Verständnis für Yoko zu gewinnen und keine Krise heraufzubeschwören. Für ihn stand die Arbeit am Album im Vordergrund. Aber bald verloren er und die beiden anderen Jungs die Geduld mit ihr und gaben jegliche Höflichkeit und Gastfreundschaft auf. Sie behandelten sie mit Sarkasmus und abweisender Kälte: Hinter ihrem Rücken machten sie abfällige, anzügliche Bemerkungen, insbesondere wenn sie John jedes Mal auf die Herrentoilette folgte. Dann hieß es, sie würde John helfen, dort sein „Geschäft" zu erledigen. Bezüglich der Studioatmosphäre ärgerte sich Paul McCartney auch später noch über Yokos despektierliche Art, sie anzusprechen:

*„Wenn sie über uns sprach, nannte sie uns einfach nur ‚Beatles‘: Beatles sollen dies machen. Beatles sollen das machen. Wir sagten: Nein, Schatz, das heißt **die** Beatles. Doch sie blieb dabei: Beatles sollen dies machen. Beatles sollen das machen. Sie wollte uns nicht mal unser Personalpronomen gönnen, verstehst du (Paul McCartney in: Miles 1998, S. 610)?“*

Irgendwann besuchte Ringo John in dessen Haus und fragte ihn: *„Hör mal, John, muss Yoko unbedingt immer dabei sein?“* John antwortete, dass Ringo es nicht verstehe und dass seine Beziehung zu Yoko anders, etwas Besonders sei. John ging bei einem späteren, ähnlichen Gespräch mit Ringo soweit, dass er forderte, Yoko solle Teil der Beatles werden, also künftig der 5. Beatle sein. Darauf entgegnete der sonst sehr um Ausgleich bemühte Ringo, dass Yoko nie Teil der Beatles war und auch künftig nicht sein würde.

Die Aufnahmen zum Weißen Album wurden durch Johns Heroinabhängigkeit erheblich beeinträchtigt. Er war ständig gereizt, besonders wenn die Drogenwirkung nachließ. Die anderen Jungs mussten ihn mit Samthandschuhen anfassen, um ja nur keinen

Anlass zu einem seiner Wutausbrüche zu geben. Früher hätten sie ihn darauf ansprechen können, dass sie Yokos Anwesenheit im Studio störte. Das ging nun nicht mehr, da John unberechenbar geworden war. Er zeigte allmählich die typischen Verhaltenssymptome eines Junkies. Er wurde unaufrichtig, paranoid und berechnend. Sein Heroinkonsum wurde zu einer echten Belastung für das Bandgefüge der Beatles. Die Arbeit am Weißen Album gestaltete sich aber nicht nur wegen der Verärgerung über John und Yoko schwierig. Auch Pauls autokratischer Führungsstil und seine Bevormundung der anderen, die er zuweilen zu seiner Backup-Band degradierte, trug dazu bei. Ringo war zutiefst betroffen, als er bemerkte, dass Paul Drumparts von ihm überspielt hatte, und George war schon lange frustriert, dass John und Paul seine Songs nicht angemessen würdigten. So ist es kein Wunder, dass das Weiße Album über Strecken den Eindruck individueller Werke hinterlässt.

Zur Entfremdung Johns von seinen Bandkameraden trug Yoko auch durch ihre Neigung bei, dass sie Johns Aussagen oder Kommentare aufnahm und dann übertrieb bzw. überzog. Wenn sich John beispielsweise über einen Bandkameraden beklagte, so erwiderte sie in der Regel, dass der Betreffende sowieso immer Johns Feind gewesen sei, und dass John am besten mit diesem Menschen überhaupt nichts mehr zu tun haben sollte (vgl. Pang/Edwards 1984, S. 43).

4. 1969 – das Jahr der Beatles-Dämmerung

Am Sylvester-Abend 1968, am Vorabend des neuen Jahres, wurde offensichtlich, dass das soziale Gefüge der Beatles Auflösungserscheinungen zeigte, obwohl niemand wirklich an ein nahes Ende der Beatles glauben mochte. Die Beatles und ihr engerer Familien- und Freundeskreis hatten in den letzten Jahren Sylvester jeweils zusammen in Cilla Blacks großer Terrassenwohnung am Portland Place gefeiert. Es waren stets ausgelassene, fröhliche Feiern. Aber an diesem Abend kam keine rechte Stimmung auf. Cynthia war nicht mehr da; sie war durch die Scheidung von John vom alten Freundeskreis weitgehend abgeschnitten. Brian Epstein war tot. John und Yoko kamen nicht. Ringo war seiner Frau Maureen überdrüssig und nun fehlte auch Jane Asher, Pauls langjährige Freundin. Ihre Stelle nahm nun Linda Eastman ein. Dazu hatten George und Pattie eine Krise, da Gerüchte von zahlreichen Seitensprüngen Georges wissen wollten, während Pattie zuhause die sorgende Ehefrau spielte. Die beiden stritten sich den ganzen Abend. Um Mitternacht schloss sich Pattie heulend ins Bad ein.

Noch deutlicher wurde der fehlende Zusammenhalt in der Band bei Pauls Hochzeit mit Linda am 12. März 1969. Neben Pauls Bruder Michael als Trauzeuge waren nur Peter Brown und Mal Evans vom inneren Zirkel dabei, von seinen Bandkameraden war keiner gekommen. John und Yoko konnten nicht kommen, weil sie ihr Album „Unfinished Music. No. 2" fertigstellen mussten, Ringo und Maureen hatten zuhause zu tun und George sah sich wegen seiner Arbeit im Apple Gebäude in der Savile Row unabkömmlich!

Paul hatte inzwischen die Überzeugung gewonnen, dass es ein Fehler gewesen war, nicht mehr live aufzutreten und keine Konzerte mehr zu geben. Dadurch hatten sie den Kontakt zum Publikum verloren. Besonders ihm fehlte das Bühnenerlebnis und die Rückmeldung der Fans. Darum hatte er die Idee des „Get-Back-Projektes", um wieder an ihren Wurzeln anzuknüpfen. Dafür sollte ein neues Album aufgenommen werden und die Aufnahmen gleichzeitig gefilmt werden. Daraus sollte ein Spielfilm entstehen, um ihrer Verpflichtung eines dritten Films nachzukommen. Den Abschluss sollte ein großes Open-Air-Konzert an einem spektakulären Ort bilden. Dazu konnte er sogar die mehr oder weniger halbherzige Zustimmung der Bandkameraden erhalten.

Obwohl die schlechten Erfahrungen bei den Aufnahmen zum Weißen Album noch in ihren Köpfen waren, versammelten sie sich morgens am 2. Januar 1969 um 8 Uhr in den feucht-kalten Twickenham Studios. Für sie als „Abendmenschen" war das schon eine Zumutung, wobei auch noch jede ihrer Bewegungen gefilmt wurde. Dazu sollten sie früh um 8 Uhr Rock-Musik machen. Das waren keine Bedingungen, um das Projekt gelingen zu lassen. Und erneut war Yoko immer eng an Johns Seite, wie mit einer Nabelschnur mit ihm verbunden. Das belastete die Atmosphäre erneut, so dass Ringo und George am liebsten woanders gewesen wären. John war gelangweilt von den Beatles und von seinem Partner Paul, da sie ihn nicht annähernd so intellektuell inspirieren konnten wie Yoko. Obwohl Paul das neue Projekt sehr engagiert vorantrieb, ging es nicht voran. Nach einigen Tagen verlor Paul die Geduld und beklagte sich über die fehlende Unterstützung und wollte eine Entscheidung von allen, ob sie das Projekt überhaupt noch wollten. Ansonsten wolle er sich das nicht länger antun (vgl. McNab 2019, S. 3).

George Harrison war nicht nur verärgert darüber, dass John und Paul ihn kleinhielten und seinen neue Songs wie z. B. „Something" nicht entsprechend würdigten und für das Album akzeptieren wollten. Darüber hinaus nervte ihn Yokos Impertinenz maßlos, dass sie trotz aller Hinweise, nicht erwünscht zu sein, weiterhin den Bandfrieden störte, während John sich am Unbehagen seiner Freunde ergötzte. Oft lenkte Yoko John durch Küsse oder Einflüsterungen bei Aufnahmen ab, so dass er wiederholt eine Note oder einen Textteil vergaß. Es war für die Fotografen auch unmöglich, ein Foto der vier Beatles zu machen, ohne dass Yoko mit abgebildet wurde. Bei Diskussionen fungierte Yoko zunehmend als Johns Sprachrohr, während dieser die Sessions sabotierte, indem er seine persönlichen Interessen über die der Band stellte. Bei einer Aussprache einige Tage später äußerte George besonders verärgert über Johns Passivität und dass er kaum etwas an eigenem Material für das Album beitrug, aber seine Songentwürfe ablehnte. Das ohnehin schlechte Arbeitsklima im Studio wurde zusätzlich durch Pauls schulmeisterliches Verhalten belastet. Er gab den anderen ganz genau vor, wie sie zu spielen oder zu singen hatten. Am 10. Januar, als Paul einmal Georges Gitarrenspiel kritisierte und ihm sagte, wie er zu spielen habe, war es George zu viel. Er sagte zu Paul:

„Schau, ich spiele, was immer du willst, oder ich spiele überhaupt nicht. Wie immer es dir gefallen mag, ich werde es tun."

Zur Mittagspause fuhr er nach Hause und sagte dort zu Pattie:

„Ich habe die Gruppe verlassen. Die Beatles sind vorbei (George Harrison in: Brown/Gaines 1983, S. 297)!"

Als George gegangen war, wussten die anderen, dass etwas Ernstes passiert war. Dennoch nahmen sie einfach ihre Instrumente und jammten eine Weile, während sich Yoko erleichtert auf Georges Stuhl niederließ und ihren unverwechselbaren Gesang anstimmte (vgl. McNab 2019, S. 10). Am Sonntag des folgenden Wochenendes trafen sich alle Vier in Ringos Wohnung, quasi auf neutralem Boden, um die Bedingungen für Georges Rückkehr auszuloten. Aber schon nach kurzer Zeit war das Treffen, bei dem John sich geweigert hatte, an der Diskussion teilzunehmen, beendet. George stürmte hinaus, und nun schien es keinen Weg mehr zurück zu geben. Darüber konnte sich auch der ausgleichende Ringo nicht hinwegtäuschen. In der bedrückenden Situation nach Georges Abgang verharrte John, mal wieder mit Heroin zugedröhnt, in eisernem Schweigen, während Paul und Ringo sich über die Zukunft der Beatles Gedanken machten. Am 15. Januar fanden sie sich zu einem weiteren Treffen zusammen, das fünf Stunden dauerte und bei dem alle Georges Bedingungen für seine Rückkehr akzeptierten, nämlich: keine aberwitzigen Diskussionen mehr über Live-Shows an irgendwelchen fernen Küsten und nie mehr Twickenham Studios. Dieses Mal widersprach ihm keiner; vielmehr entschuldigte sich Paul für sein autoritäres

Verhalten und John schwieg. Dann dauerte es weitere fünf Tage, bis sie wieder zusammen waren, als sie in den EMI-Studios Abbey Road ihre Arbeit wieder aufnahmen.

Um das inzwischen ungeliebte „Get-Back-Projekt" zu einem Ende zu bringen, entschlossen sich alle nach Wochen des Streitens auf einen kleinen gemeinsamen Nenner. Sie vereinbarten einen Live-Auftritt auf dem Dach ihres Apple-Gebäudes zu filmen. Nachdem alle nötige Ausrüstung und Technik auf dem Dach installiert war, gaben die Beatles am Mittag des 30. Januar dort ihr „Roof-Top-Konzert", ihr letztes Konzert überhaupt. Da sie schon fast drei Jahre nicht mehr live zusammen gespielt hatten, waren sie zunächst doch etwas aufgeregt, besonders Ringos Nerven begannen zu flattern. Doch dann war John Lennon auf einmal wieder der „Leader", ging nach vorn, sagte: *„Fuck it. Let's do it"*. Und was dann folgte, war nahezu ein Wunder. Für 42 Minuten wirkten und klangen die Beatles wie die Rock'n Roll-Götter, die sie immer waren. Irgendwie war alle hinterhältige Bitterkeit der vergangenen Monate für diese kurze Zeit vergessen. Dieses Konzert, das unten auf den Straßen zu einem Menschenauflauf und Verkehrsproblemen geführt hatte, bewies ihnen, dass sie immer noch eine großartige Rock and Roll Band waren, die noch so gut harmonierte wie früher. Billy Preston, der als Gastmusiker dabei sein konnte, meinte später dazu:

„ .. es war einer der besten Momente in meiner Karriere. Ich spielte mit beim letzten Live-Auftritt der Beatles und, lasst es mich sagen, es war magisch (Billy Preston in: McNab 2019, S. 31).

Aber die Euphorie des Konzerterlebnisses hielt nicht lange an. Man konnte sich über die Verwendung des umfangreichen Film- und Audiomaterials, das aus dem Get Back Projekt entstanden war, nicht einigen. Man legte es beiseite und gab es später dem Produzenten Phil Spektor, der aus dem Material dann das Album und den Film „Let It Be" machte, die aber erst nach Auflösung der Beatles veröffentlicht wurden.

Aufgrund der chaotischen Verhältnisse, insbesondere bei der Geschäftsführung ihres Apple-Unternehmens verloren die Beatles in kurzer Zeit Unsummen an Geld und es war absehbar, dass sie in Kürze pleite sein würden, wenn sich nichts änderte. Sie waren sich darin einig, dass sie professionelle Hilfe, einen Sanierer, brauchten. Paul favorisierte dafür seinen künftigen Schwiegervater Lee Eastmann. Dagegen hatten sich aber Yoko und John auf Allen Klein, einem Manager aus dem Musikbusiness mit zweifelhaften Ruf, der zuvor auch die Rolling Stones in finanziellen Dingen vertreten hatte, festgelegt. Klein hatte schon lange die Finger nach den Beatles ausgestreckt, war aber bislang stets im Vorfeld abgewiesen worden. Es war ihm dann aber gelungen, über Derek Taylor in Kontakt mit John und Yoko zu kommen. Er schmeichelte ihnen, versprach ihnen bessere Verträge und Einkünfte und dass er sie von McCartneys „Diktatur" befreien würde. John und Yoko ließen sich überzeugen und übertrugen Klein zunächst die Wahrnehmung ihrer persönlichen geschäftlichen und finanziellen Angelegenheiten. Sie wollten Klein auch als Generalsanierer für Apple einsetzen, obwohl Mick Jagger sie nach seinen Erfahrungen mit Klein vor ihm gewarnt hatten. Yoko und John konnten George und Ringo auch dafür gewinnen, während Paul weiterhin Lee Eastmann wollte, aber dadurch in Konfrontation mit den drei Anderen geriet. Paul verweigerte seine Unterschrift, aber Klein wurde durch die Mehrheit von John,

Paul und Ringo per Mehrheitsbeschluss zum Generalbevollmächtigten bei Apple ernannt.

Immerhin gelang es Allen Klein in der Folgezeit, durch einschneidende Maßnahmen das Apple-Unternehmen zu sanieren. Er stieß unrentable Apple-Sparten ab, entließ massenhaft Apple-Angestellte, wovon auch engere Beatles-Freunde betroffen waren, verhandelte alte Beatles-Verträge mit Plattenfirmen neu und verbesserte ihre Einnahmen erheblich. Dabei füllte er aber auch seine eigenen Taschen – auch über das ihm vertraglich Zustehende hinaus. Bei einem Apple-Geschäftstreffen mit Klein kam es zwischen John und Paul zu einem heftigen Eklat, der ihr Verhältnis irreparabel zerrüttete. Bei der Behandlung ihrer Anteile der Firma Northern Songs, welche die Rechte der Lennon/McCartney-Songs vermarktete, stellte sich heraus, dass Paul hinter Johns Rücken zusätzliche Anteile erworben hatte, um mehr verdienen zu können. Dabei hatte es eine eherne Absprache zwischen ihnen gegeben, dass beide als gleichberechtigte Partner auch die gleiche Anzahl von Anteilen haben sollten. Womöglich spielte für Paul der Sachverhalt, dass John in letzter Zeit kaum noch Songs beigetragen hatte und der Löwenanteil der Lennon/McCartney-Songs von ihm stammte, beim zusätzlichen Ankauf eine Rolle. Paul kommentierte dies auch als Investition in sich selbst. John brauchte eine Weile, um das Erfahrene zu realisieren. Dann platzte es aus ihm heraus und giftete in Richtung Paul:

„Du Bastard! Das ist das Letzte! Das ist das erste Mal, dass jemand von uns einenanderen von uns hintergangen hat (John Lennon in: Brown/Gaines 1983, 313f.)."

Von da an war für John das Vertrauen zu Paul endgültig zerstört.

Im Juni 1969 wollte John einen Song, in dem er die turbulente Hochzeit mit Yoko thematisierte, als Single aufnehmen. „The Ballad Of John And Yoko" war ein typischer Lennon-Rock-Song. Er wollte ihn allein aufnehmen und als Solo-Platte herausbringen, aber allein schaffte er es nicht. Aber George war mit Aufnahmen mit den Krishna-Mönchen beschäftigt und Ringo drehte gerade seinen Film „Magic Christian". Paul war trotz aller Differenzen dann aber bereit, ins Studio zu kommen, den Schlagzeug-Part zu spielen und ihm bei der Aufnahme zu helfen. Der Song hatte Hitpotenzial und stürmte auch als neuer

Lennon/McCartney-Hit direkt an die Spitze der Charts.

Danach verschwanden John und Yoko für längere Zeit von der Bildfläche. Sie hatten sich in ihr neues Haus am Tittenhurst Park zurückgezogen – wie schon einmal am Montague Square. Der Grund war erneut Heroinkonsum. Für Tage verließen sie ihr Schlafzimmer nicht mehr und nahmen dort auch ihre Mahlzeiten auf Tabletts ein. Die einzige Verbindungsperson zur Außenwelt war ihr Koch Val.

Es war dann schließlich Paul, der es schaffte, John aus seinem Schlafzimmer hervorzuholen. Mit seinem unwiderstehlichen Enthusiasmus für die Beatles hatte er inzwischen schon wieder Pläne für ein neues Album, das den Titel „Abbey Road" tragen sollte, gemacht. Trotz aller Animositäten innerhalb der Band hatte es Paul geschafft, alle Beatles-Mitglieder und zusätzlich George Martin sowie Neil Aspinall und Mal Evans für ein letztes Hurra ins Studio zu holen. Als die Arbeit am neuen Album im Studio begann, war Yoko natürlich auch da. Sie war wieder schwanger und in einer schlechten gesundheitlichen Verfassung, so dass es wieder eine

Risikoschwangerschaft war. Da John nicht von ihr getrennt sein wollte, wurde ein Bett für sie ins Studio gerollt. Am 9. Juli flogen auf einmal die Studio-Türen auf und vier Männer rollten ein massives Luxus-Doppelbett von Harrods herein, während George Martin und die anderen Beatles mit offenem Mund staunend daneben standen. John ließ das Bett in einer Ecke so positionieren, so dass sie möglichst alles im Studio beobachten konnte. Bevor Yoko sich unter die Bettdecke verkroch, forderte sie, dass ein Mikrofon über ihrem Kopf angebracht werden sollte, damit sie als Teil des Beatles-Kollektivs von dort ihre unerwünschten Vorschläge und Kritiken zu Gehör bringen konnte. Niemand der anderen Beatles wagte, dagegen zu protestieren. Es ging dann auch anfangs recht langsam mit diesem Projekt voran, vor allem weil neues Songmaterial von John fehlte. Paul konnte sich auf seine Kreativität verlassen und George steuerte mit „Something" und „Here Comes The Sun" zwei großartige Songs bei. John kam dann allmählich auch wieder mit neuen Songs, wobei er sich nicht gescheut hatte, für „Come Together" Anleihen bei einem älteren Song von Chuck Berry zu machen. Auch die Arbeit an diesem Album litt unter Yokos unerwünschter Anwesenheit und Johns fortgesetztem Heroinkonsum. Im August waren sie wieder beide wieder stark süchtig, was für die schwangere Yoko sehr gefährlich war. John zeigte dann typische Junkie-Symptome: Er war egozentrisch, manipulativ und paranoid. Ständig fühlte er sich benachteiligt. So erklärte er auch einmal, sie hätten Heroin genommen wegen dem, was die Beatles und ihre Paladine ihnen angetan hätten. Dennoch konnte man sich noch intelligent mit ihm unterhalten, wenn Yoko ihn nicht unterbrach. Zudem war er offen für neue Ideen, aber er hatte auch diese passiv-aggressive Art, die typisch für Junkies ist (vgl. McNab 2019, S. 187).

Mehrheitlich waren die Songaufnahmen aber keine Gemeinschaftsarbeit der ganzen Band, vielmehr arbeitete George Martin nur mit einem oder zweien von ihnen an speziellen Songs. George Martin schaffte es mit Paul, die B-Seite wie eine Rock-Oper zu gestalten, wobei er mehrere kurze Songelemente zu einer Einheit zusammenfügte und Ringo sogar zu einem Schlagzeugsolo, dem einzigen, das er je gespielt hatte, für den Schluss überreden konnte. Schließlich wurde das Album, nachdem noch ein Streit zwischen John und Paul über die Songfolge auf dem Album beigelegt werden konnte, mit einer 12-stündigen Session zur endgültigen Sound-Abmischung zu aller Zufriedenheit fertiggestellt. „Abbey Road" wurde ein Beatles-Meisterwerk, das der Größe der Band würdig war, und wieder ein gewaltiger kommerzieller Erfolg, sogar größer als der von „Sgt. Pepper". Innerhalb eines Jahres verkauften sich 5 Mio. Exemplare.

5. Das Ende der Beatles – Phasen der Bandauflösung

In den frühen Morgenstunden des 21.8.1969 traten John Lennon, Paul McCartney, George Harrison und Ringo Starr auf die Straße vor dem Studio heraus, verabschiedeten sich mit freundlichen Wünschen und begaben sich müde zu ihren in der Nähe geparkten Autos. Es war das letzte Mal, dass die vier Beatles gemeinsam im Aufnahmestudio waren, und somit endete auf diese unspektakuläre Weise die Ära der Beatles. Aber das wussten zu dieser Zeit weder die Beatles selbst noch die Öffentlichkeit. Diese konnte sich bald, wie schon seit Jahren gewohnt, mit dem Album

„Abbey Road" an ihrer Kreativität und musikalischen Schaffenskraft erfreuen.

In diesem Sommer versuchten John und Yoko in ihrem neuen Zuhause am Tittenhurst Park, einen Entzug zu machen, bevor sie in eine noch tiefere Abhängigkeit gerieten: Sie beschlossen, es allein ohne fremde Hilfe zu schaffen, also einen kalten Entzug („Cold Turkey") durchzuziehen. Wie Yoko später sagte, wollten sie nicht in ein Krankenhaus, weil es niemand wissen sollte. Aber die ihnen nahestehenden Magic Alex, Ray Connolly und Neil Aspinall erinnerten sich daran, dass sie beide in jener Zeit in einem Londoner Krankenhaus besuchten, wo sie einen Heroin-Entzug machten (vgl. Brown/Gaines 1983 S. 327).

Anfang September wurde John vom Konzertveranstalter John Brower angerufen und als Gast zum Toronto Rock and Roll Festival eingeladen. John bestand aber darauf, mit Yoko aufzutreten, was dann auch vereinbart wurde. Nach dem Gespräch wurde ihm dann aber klar, dass er keine Band und kein eingeübtes Songmaterial hatte und er überdies unter Magenproblemen wegen seines Drogenkonsums litt. So trommelte er einige Musiker, darunter Klaus Voormann, zusammen. Da sie den planmäßigen Flug versäumten, kamen sie erst eine halbe Stunde vor ihrem Auftritt an. So blieb keine Zeit mehr für eine Probe. Nervös und mit Magenschmerzen musste John sich „backstage" übergeben. Dann ging er unsicher ans Mikrofon und kündigte an, nur ein paar bekannte Songs zu spielen, da sie noch nie zusammen gespielt hätten. Was dann folgte, war dann nur eine drittklassige Ad-hoc-Vorstellung altbekannter Rock-Klassiker. Aber so schrecklich die Darbietung auch war, das Publikum reagierte begeistert und ekstatisch allein wegen seines Auftritts; es liebte jede Sekunde. Dann spielte John seinen bis dahin noch nicht veröffentlichten Titel „Cold Turkey", worauf das Publikum zunächst verwirrt dann aber mit großem Applaus reagierte. Anschließend wurde die Bühne geräumt; nur John blieb. Dann schälte sich Yoko aus einem Leinensack, in dem sie während des Konzerts auf dem Boden gelegen hatte, und intonierte mit ihrer jaulenden Stimme ihren Song „Don't Worry, Kyoko". Das Publikum war total irritiert, hatte aber danach das Gefühl, etwas für's Geld erhalten zu haben. John war aber nach seinem Auftritt beseligt; er hatte die Atmosphäre des Live-Konzerts wieder richtig genossen. Voller Begeisterung beschloss er auf dem Heimflug, mit einer offiziellen Presseerklärung seinen Austritt bei den Beatles und die Gründung einer neuen Band mit Eric Clapton und Klaus Voormann zu verkünden. Allen Klein, der John auf dem Rückflug begleitete, redete ihm das aber aus, da er gerade mitten in Verhandlungen mit EMI und Capitol wegen neuer Verträge für die Beatles war. Er solle mit der Verkündung warten, bis die Verträge abgeschlossen wären. Aber das hinderte John nicht, es schon Paul mitzuteilen, und forderte ein Treffen im Apple-Gebäude. Paul erschien beschwingt mit vielen neuen Ideen für künftige Beatles-Projekte.

„Egal, was Paul auch vorschlug, John sagte nur immer: ‚Nein, das will ich nicht machen‘ oder ‚Ich bin nicht interessiert‘. Die Diskussion wurde schließlich durch Paul durch eine der typischen Beatles-Redewendungen beendet, als er sagte: 'Nachdem alles gesagt und getan ist, wir sind doch immer noch die Beatles, oder nicht?‘ John sagte darauf: ‚Ah, fuck, ich bin kein Beatle‘. Paul wollte das nicht hören. ‚Natürlich bist du einer -‘ ‚Bin ich nicht‘ schrie John, ‚verstehst du nicht? Es ist vorbei, vorbei! Ich will eine Scheidung, so

wie ich eine Scheidung von Cynthia hatte.
Kriegst du das nicht in deinen blöden Schädel
(Brown/Gaines 1983, S. 329)?"

Darauf eilte John die Treppe hinunter und
direkt hinter ihm Yoko, indem sie noch
einmal rief: *„Es istvorbei! Zu Ende!" (ebda.*
S.329), womit das Treffen sein Ende fand.
John sagte nichts zur Presse und machte sich
auf, um jenseits des Atlantiks mit seiner
„Plastic Ono Band" und dem Song „Give
Peace A Chance" wieder als Friedensaktivist
aufzutreten. Das war faktisch das Ende der
Beatles als Band, auch wenn es lange nicht
bekannt wurde. Paul hatte danach noch eine
Weile geglaubt, dass John sich beruhigen
würde und die Beatles weiter bestehen
würden. Über die Presse verfolgte er
zunehmend entsetzt und angewidert die
zuweilen dubiosen Kampagnen und Auftritte,
die sein ehemaliger engster Kumpel mit Yoko
veranstaltete. Nach einigen Monaten war er
überzeugt, dass John sich weltweit zum
Narren machte, und er fürchtete, auch in der
öffentlichen Wertschätzung nach unten
gezogen zu werden. Darauf entschied er – als
letzter der vier Beatles -, das Ende der Beatles
zu akzeptieren, und bereitete sein erstes Solo-
Album vor. Im April 1970 erklärte er
öffentlichkeitswirksam seine Unabhängigkeit

von den Beatles und stellte gleichzeitig sein erstes Solo-Album „McCartney" vor. Damit verärgerte er seine ehemaligen Bandkollegen, insbesondere John, dem es seiner Meinung nach als Bandboss zugestanden hätte, das Ende der Band zu verkünden.

6. John, unter Yokos Kontrolle

Im Sommer 1969 fühlten sich John und Yoko nach allen „Bed-ins" und öffentlichen Auftritten etwa mit der Plastic Ono Band erschöpft und wollten Urlaub machen. Dafür hatten sie sich eine Autotour nach Schottland mit Kyoko und Johns Sohn Julian ausgedacht. Sie hofften, dass die beiden Kinder sich dabei anfreunden würden. John lieh sich einen Mietwagen und bestand darauf, selbst zu fahren, obwohl er schlechte Augen hatte und normalerweise nie selbst fuhr. In Liverpool machten sie einen Stopp und besuchten u.a. Stan Parkes, einen Freund Johns aus Kindertagen. Yokos Ankunft führte jedoch gleich zu einer Belastung ihrer alten Freundschaft. Viele Jahre später erinnerte sich Stan Parkes wie folgt an seine Begegnung mit Yoko, in dem er u.a. meinte, dass er wirklich nichts Liebenswertes an ihr finden konnte.

„Ich erzählte ihm, dass ich nicht erkennen konnte, was er in ihr sah. (...) Sie sprach kaum zu mir. Ich hatte den Eindruck, dass sie John für sich selbst wollte und sie ihn von seiner Familie fernhalten wollte. Es ging immer um Kontrolle. Ich konnte kaum glauben, wie er immer das zu tun schien, was sie sagte. Ich riet ihm, sich aufzuraffen und für sich selbst einzustehen, aber er lachte und sagte, er wüsste, was er tue. (...) Ich mochte sie von Beginn an nicht (Stan Parkes in: McNab 2019, S. 152)."

Tage später erhielt Peter Brown einen alarmierenden Anruf, da John in Schottland einen Unfall verursacht hatte. Er war in einen Graben gefahren, wobei er, Yoko und die Kinder verletzt wurden und ins Krankenhaus kamen.

Am 9. Oktober hatte Yoko erneut eine Fehlgeburt. Tief betrübt machten John und Yoko darauf in Begleitung von Magic Alex Urlaub in Griechenland, wozu sie eine Yacht mit kleiner Mannschaft charterten. Sie wollten diese zehn Tage auch nutzen, um ihren Körper nach allem Drogenkonsum wieder zu entgiften. Dafür nahmen sie fast

197

nur Wasser zu sich. Aber anstatt ihrer Gesundheit zu nutzen, schadete ihnen diese radikale Kur nur, körperlich und mental. Magic Alex wurde Zeuge heftiger, gewalttätiger Auseinandersetzungen zwischen John und Yoko, wodurch auch die Yacht beschädigt wurde. Mehrfach hat John dabei Yoko verprügelt (vgl. Brown/Gaines 1983, S. 330).

Mitte März 1970 war Yoko wieder schwanger und wurde in ein Krankenhaus verlegt, was aber geheim gehalten wurde. Yoko verkündete zwar, dass dies nur wegen ihrer Schwangerschaft aus gesundheitlichen Gründen erfolgte, aber sie machte dort eine Methadon-Therapie zum Heroin-Entzug. Zurück in ihrem Haus ging es John und Yoko aber schlecht. In dieser Phase klammerte sich John an die Idee der Urschrei-Therapie, von der er gelesen hatte und von der er sich Hilfe für seine Neurosen versprach. Er nahm Kontakt mit dem Therapeuten Artur Janov auf, und nach einigen Telefonaten und Briefen zog Janov vorübergehend von Los Angeles ins Haus von John und Yoko. Nach drei Wochen Therapie zuhause vermutete Janov, es könnte hilfreich sein, wenn John seine zwiespältigen Gefühle zu seinem Sohn Julian bereinigen könnte, der damals bei

Cynthia und Roberto Bassanini lebte. Er hatte seinen Sohn seit dem damaligen Autounfall im vergangenen Juli nicht mehr gesehen. Es wurde ein Treffen arrangiert und John fuhr allein zu Cynthias Wohnung in Kensington, um seinen Jungen zu sehen. Dort angekommen, machte er auf Cynthia einen überraschend freundlichen und angenehmen Eindruck. John ging fast sofort die Treppe hoch zu Julians Zimmer und verbrachte dort mehrere Stunden spielend mit ihm. Dann klingelte das Telefon, der Hausmeister vom Tittenhurst Park meldete sich ganz aufgeregt, weil Yoko gedroht hatte, eine Überdosis Schlaftabletten zunehmen, weil er so viel Zeit mit Cynthia und Julian verbringe. Darauf knallte John den Hörer auf's Telefon und rief:

,,Dieses Miststück! Sie droht sich selbst umzubringen (John Lennon in: Brown/Gaines 1983, S 336)!"

Nach diesem Vorfall lief die künftige Kommunikation über Johns Kontakte zu Julian nur noch über Yoko!

Je länger ihre Beziehung bzw. Ehe dauerte, umso mehr gewann Yoko Kontrolle über John, der sich – um Halt seiner labilen Psyche suchend – immer stärker dem starken Willen seiner Frau unterordnete. Das hatte auch damit zu tun, dass er sie zunehmend glorifizierte und ihre avantgardistische Kunstauffassung teilte. Die US-Chinesin May Pang, die lange Zeit als persönliche Assistentin für beide bei ihnen zuhause arbeitete und längere Zeit Johns Geliebte war, konnte aus unmittelbarer Anschauung die besondere Beziehung Johns zu Yoko kennenlernen. In ihrem Buch „Geliebter John" beschreibt sie in zuweilen schockierender Weise selbst intimste Vorgänge. In einem gemeinsamen Gespräch von 1971 mit May Pang erklärte John:

„ er wolle, dass Yoko eine möglichst günstige Presse bekomme. Er hatte das Gefühl, dass zu viele Leute sie hassten und für das Auseinandergehen der Beatles verantwortlich machten. Nach Johns Meinung mussten die Leute jedoch erkennen, dass Künstler wie Yoko die wahren Visionäre unserer Zeit waren und nicht etwa die Beatles. Nur Leute wie Yoko würden die Welt verändern. Yoko nickte zustimmend. ,Was ich mache, ist wichtig für die Welt', erklärte sie Pang 1984, S 62). "

Je länger sie mit den Lennons lebte, umso mehr gewann May Pang den Eindruck, dass es für John geradezu lebenswichtig war, alles zu tun, was sie sagte, sie gegen jede Kritik zu verteidigen und ihre Einstellung zu übernehmen (vgl. Pang/Edwards ebda, S. 112). Eines Abends schwärmte May Pang John in deren New Yorker Wohnung von einer Chuck-Berry-Show vor, die sie am Abend zuvor gesehen hatte.

„Als ich jedoch Yokos Blick auffing, unterbrach ich meine Schilderung. ‚Ich hätte die Show auch gerne gesehen", meinte John. – ‚Es gibt noch andere Konzerte' ‚sagte Yoko eisig. Später hörten John und ich im Salon eine Platte von Chuck Berry. Er war Johns Lieblingssänger. Yoko sagte: ‚Mach das wieder aus. Ich will nicht, das so etwas hier gespielt wird.' So wurde Rock'n Roll Musik aus der Suite der Lennons verbannt (Pang/Edwards, ebda. S. 66).

Auch mit der Musik der Beatles konnte Yoko nichts anfangen. Zu Beginn ihrer Beziehung hatte sie sogar einmal damit kokettiert, noch nicht einen einzigen Beatles-Song gehört zu haben. Erst nach sechs Ehejahren machte sie sich die Mühe, die großen Beatles-Klassiker anzuhören.

John war misstrauisch anderen Leuten gegenüber. Während er mit Yoko im Dakota-Haus in New York lebte, lernte er kaum neue

201

Leute kennen. So war es ihm ganz recht, wenn Yoko seine Anrufe annahm, seine Post las und seine Besucher genau prüfte, bevor sie ihnen erlaubte, ihn aufzusuchen. Obwohl Yoko meist ihren Willen durchsetzte und John sich meistens fügte, kam es doch immer wieder zu Konflikten und Beziehungskrisen. Das hatte auch damit zu tun, dass auch Yoko allmählich paranoide Züge zeigte, da sie Ängste wegen ihrer Karriere plagten und sie immer mehr davon ausging, dass andere Leute sie daran hinderten, noch berühmter zu werden.

Als May Pang 1973 eines Morgens das Apartment der Lennons im Dakota-Haus betrat, um dort ihren Dienst anzutreten – quasi als Mädchen für alles – wurde sie von Yoko empfangen, die mit ihr etwas Unvorstellbares bereden wollte. Yoko teilte ihr mit, dass sie und John nicht mehr mit einander zurecht kämen, sich nur noch streiten und sich immer fremder würden. Zwar hatte May Pang bemerkt, dass John und Yoko schon seit zwei Wochen kaum noch miteinander sprachen und sich aus dem Weg gingen, aber was Yoko ihr nun vorschlug, verschlug May Pang den Atem und stürzte sie in furchtbare innere Konflikte. Yoko ging davon aus, dass John sich kurz oder lang eine

Geliebte nehmen würde. Dann wäre es doch am besten, wenn Yoko die neue Frau kennen würde und sie in ihrem Sinne beeinflussen könnte. Mit vielen umschreibenden Worten forderte Yoko dann ihre Angestellte May Pang auf, Johns Geliebte zu werden und künftig mit ihm auszugehen. May Pang glaubte ihren Ohren nicht zu trauen, und lehnte energisch das Ansinnen ihrer Chefin ab. Aber sie wusste auch schon, dass Yokos Vorschläge letztlich Anordnungen waren, so verrückt sie auch sein mochten. Yoko tat dann auch all ihre Einwände ab:

„ 'May, das ist schon in Ordnung. Ich weiß, wie sehr er dich mag. Falls er dich also fragen sollte, ob du mit ihm ausgehen willst, so solltest du es tun.' Yoko sah mich nun direkt an. ,Ich bin wirklich der Meinung, dass du es tun solltest' wiederholte sie (Pang/Edwards 1984, S. 10 ff). "

Die weiteren ablehnenden Argumente Mays wischte Yoko ebenso beiseite und beendete das Gespräch schließlich mit der Bemerkung:

„Ich würde ihn jedenfalls lieber an deiner Seite sehen. Es wird ihm guttun und es wird ihn glücklich machen (...) Es ist die beste Lösung. Er wird glücklich sein. Mach dir keine Sorgen (Pang/Edwards 1984, S. 12). "

May Pang wusste, dass Yoko es ernst meinte und sie auch John überzeugen würde, dass dies auch in seinem Interesse lag. Sie war von Yokos Kaltblütigkeit schockiert. Es verletzte sie, mit welcher Leichtigkeit sie versuchte, ihren Mann an sie weiterzugeben, ausgerechnet einen Mann, den so viele Menschen verehrten und liebten. In den folgenden Tagen arrangierte es Yoko, dass May und John möglichst viele Termine gemeinsam wahrnahmen. Sie kamen sich näher, John begehrte sie tatsächlich und May mochte John schon immer. So entwickelte sich eine leidenschaftliche Liebesbeziehung zwischen ihnen, die dazu führte, dass Yoko vorübergehend die Kontrolle über sie verlor. John verließ Yoko sogar und lebte anderthalb Jahre mit May zusammen. May förderte Johns musikalische Pläne und liebte ihn innig und trotz mancher Alkohol- und Drogenausschweifungen. Yoko drangsalierte sie aber täglich mit durchschnittlich 15 bis 16 Anrufen, um sich von May Rechenschaft ablegen zu lassen und um noch eine gewisse Kontrolle über beide ausüben zu können. Mit diesen Anrufen versuchte Yoko auch ständig, John in ihrem Sinne zu manipulieren.

John Lennon mit May Pang

Für einige Zeit lebten John und May in Los Angeles, wo sie sich oft mit anderen Größen des Popgeschäfts , so auch mit Ringo, Mick Jagger, Harry Nielson oder Cher, trafen. So wurde zwangsläufig auch bald Johns Ehe mit Yoko hinterfragt. Da Yoko sehr um ihr Image besorgt war, fürchtete sie, dass die Presse herausfinden könnte, dass sie sich getrennt hatten, schlimmer noch, dass John sie verlassen hatte. In einem langen Telefonat, in dem John Yoko eigentlich etwas über sein neues Album „Mind Games" berichten wollte, erklärte sie John, dass sie den Journalisten erzählen wolle, dass John sie nicht etwa freiwillig verlassen hatte, sondern dass sie ihn hinausgeworfen hatte. John hatte ihr am Telefon versprechen müssen, dass er nichts Gegenteiliges in der Öffentlichkeit erzählen würde. Yoko hatte noch immer Macht über ihn und John hielt sich auch daran. (Selbst in seinem letzten großen Interview 1980 kurz vor seinem Tod stellte er diese Version als Grund für ihre zeitweilige Trennung dar.) Als 1973 die Weihnachtszeit nahte, luden May und John, seinen Sohn Julian mit seiner Ex-Frau Cynthia zu Weihnachten zu sich nach Los Angeles ein. Darüber informierten sie auch Yoko. Als Cynthias und Julians Besuch näher rückte, wurden sie immer häufiger durch Yokos Telefonate bombardiert. An einem Tag zählte May 23 Anrufe – in diesem Monat belief sich Yokos Telefonrechnung auf ca. 3000 Dollar. Ein Anruf Yokos einen Tag vor der Anreise Cynthias und Julians machte John dann richtig wütend. Auf May Pangs Nachfrage platzte es aus ihm heraus:

„Yoko ist nicht ganz richtig im Kopf. (...) Sie hat Angst, ich könnte wieder zu Cynthia gehen und sie fürchtet wohl auch, ich lasse mich von ihr scheiden und zahle ihr nur eine kleine Abfindung, genau wie es bei Cynthia war (John Lennon in: Pang/Edwards 1984, S. 192)."

Zu Beginn des Besuches von Julian und Cynthia war John sehr nervös. Er entspannte

sich aber bald und alle verbrachten einige
schöne Tage miteinander. Sie besuchten mit
Julian Disneyland, und May und Cynthia
verstanden sich recht gut.

Während ihrer Trennung von John versuchte
Yoko, ihre eigene Karriere allein
voranzutreiben. Gegenüber ihrer
Modeberaterin Arlene sprach sie einmal so
über ihre Beziehung zu John, dass sie kein
Interesse mehr an ihm habe. Inzwischen sei
sie selbst berühmt genug, um sich von John
unabhängig zu machen. Jetzt stünde er ihrer
Karriere nur noch im Weg (vgl.
Pang/Edwards 1984, S. 185). In jener Zeit
hatte Yoko auch eine Affäre mit dem jungen
Gitarristen David Spinozza, mit dem sie,
inklusive einer ganzen Band, eine Tournee
durch Japan machen wollte – auf Johns
Kosten natürlich. David Spinozza zog sich
dann aber zurück, da er es irgendwann nicht
mehr aushalten konnte, wie verächtlich Yoko
über John sprach, indem sie etwa immer
wieder betonte, John sei wie ein Kind und tue
alles, was sie verlangt (vgl. ebda., S. 289). So
machte Yoko ihre Japan-Tournee ohne David
Spinozza.

In der Zeit, als John mit May, die er immer
Fung Yee nannte, zusammen war, wurden

auch die Rechtstreitigkeiten infolge der Beatles-Trennung über Anwälte ausgetragen. Zwangsläufig wurde das dies auch ein Thema zwischen May und John. Es widerstrebte John zwar, darüber zu reden, aber nun, da er nicht mehr so unter dem Einfluss Yokos stand, hatte er May Pang doch zu verstehen gegeben, dass Johns Trennung von den Beatles vor allem Yokos Werk gewesen war (vgl. May Pang 1984, S. 324). Gegenüber den anderen Ex-Beatles, insbesondere gegenüber Paul, hätte er das jedoch niemals eingestanden.

1974 war John wieder musikalisch produktiv geworden und stellte im November 1974 im New Yorker Madison Square Garden mit Elton John u. a. seinen damaligen Erfolgstitel "Whatever Gets You Through The Night" vor. Im Vorfeld war er sehr nervös und bat May, bei seinem Auftritt in seiner Nähe zu bleiben. Sein Auftritt wurde vom begeisterten Publikum gefeiert und John genoss diesen Moment außerordentlich. Yoko war auch im Publikum und sie trafen sich danach im Hotel Pierre zur Konzertparty. Sie setzte sich neben John und biederte sich an, indem sie bemerkte, wie toll das Konzert war. Nach einer Weile hielt John es nicht mehr aus, nahm May beim Arm und ging mit ihr nach

Hause, ohne sich von Yoko zu verabschieden. In den Wochen danach verstärkte Yoko wieder ihre Telefonkontakte zu John und köderte ihn mit der Aussicht, ihn mithilfe eines Hypnotiseurs vom Rauchen befreien zu können, durch den sie es auch geschafft hätte. John ließ sich darauf ein und traf sich zwangsläufig wieder häufiger mit Yoko im Dakota-Haus. Häufig hielt sie ihn aber mit Terminverschiebungen hin. Eines Abends, nachdem sie von einer Veranstaltung zurückgekommen waren, meinte John zu May, dass er ihr etwas mitteilen müsse, nämlich dass Yoko ihm gesagt hatte, er dürfe wieder nach Hause. Er versicherte May noch einmal seine große Liebe, packte seine Sachen und ging zurück zu Yoko. May Pang, die ihm lange Gefährtin, Geliebte und Sekretärin gewesen war, blieb verzweifelt und tränenüberströmt zurück. Sie trafen sich danach zwar noch öfters, aber jetzt war sie nur noch seine Geliebte, die als Sekretärin mit einem kleinen Gehalt zurechtkommen und deswegen in eine bescheidene kleine Wohnung ziehen musste. Es war John nicht in den Sinn gekommen, sie finanziell besser abzusichern. Dennoch dauerte ihre Beziehung mit Unterbrechungen bis zu Johns dramatischen Ermordung am 8. Dezember 1980 in New York.

Vor dem Hintergrund dieser Sachverhalte und Ereignisse fällt es schwer, an die so oft von John und Yoko beschriebene große Liebe zu glauben. Jedenfalls handelte es sich nicht um eine Liebe, wie man sie sich landläufig vorstellt. Offenkundig hatte sich Yoko bewusst an John herangemacht und ihn schließlich für ihre Zwecke instrumentalisiert. Durch Johns Berühmtheit wurde sie international bekannt und erhielt durch ihn die finanziellen Mittel für ihre dubiosen Kunstprojekte, wodurch sie sich in der Kunstwelt einen Namen machen konnte. Als Ehefrau konnte sie sich mit Johns Geld einen sehr aufwändigen, verschwenderischen Lebensstil leisten, wie es ihrem Verständnis nach einer berühmten Person wie ihr auch zustand. John dagegen war anfangs von Yoko intellektuell fasziniert. Als er sie traf, war sein Geist wie ein orientierungslos dahintreibendes Blatt. Auf der Suche nach einem „Next-Big-Thing-To-Come" schien sie ihm neue Lebensdimensionen zu erschließen, wogegen Cynthia eine blasse, unscheinbare Hausfrau war. In krisenhaften Lebensphasen und bei seinen Neurosen, in denen er nach Orientierung suchte, gab ihm

Yoko mit ihrem festen Willen Halt. Sie wurde für ihn der sichere Hafen, worin seine Seele Zuflucht fand. In dem Maße, wie sie ihn an sich fesselte und er zunehmend ihre Weltsicht übernahm, entfremdete er sich seinen wichtigsten Freunden und Arbeitskollegen, eben seinen Beatles-Bandkameraden. Seine Geliebte May Pang beschreibt in ihrem Buch einen John Lennon, der stets der Öffentlichkeit ein raues, selbstbewusstes Bild von sich vermittelte. Jedoch verbarg sich dahinter ein von Ängsten getriebener, tief verunsicherter und labiler Mensch, der seinen inneren Kompass verloren hatte und der dadurch leicht zu beeinflussen war. Als Außenstehender hat man den Eindruck, dass ihre Liebe hauptsächlich darin bestand, dass sie sich gegenseitig brauchten.

7. Fazit – War Yoko für das Ende der Beatles verantwortlich?

Gewiss ist die Frage nach den Gründen bzw. der Schuld für die Beatles-Trennung nicht einfach zu beantworten, weil viele Faktoren dafür eine Rolle spielten. Zweifellos war der frühe Tod von Brian Epstein für die Beatles eine Art Ur-Katastrophe, wonach ihnen eine gemeinsame Orientierung fehlte. Notgedrungen übernahm Paul McCartney zunehmend die Führung, was der bis dahin gelebten Demokratie innerhalb der Band schadete. Daneben gab es natürlich auch ganz normale Ermüdungserscheinungen bei den Beatles, nachdem sie jahrelang ständig im Brennpunkt des öffentlichen Interesses waren. Dazu waren sie Ende der 1960er Ehemänner und Familienväter geworden, so dass es nicht verwunderlich war, dass andere Interessen zuweilen ihr Beatle-Sein überlagerte.

Als Erster hatte sich George, nachdem die indische Kultur und Religion ihn in den Bann geschlagen hatte, sich von dem Rummel und Kommerz des Popgeschäfts innerlich gelöst, weswegen ihm der Wandel der Beatles zur Studioband ganz recht war. Paul, der mit immer neuen Projektideen am energischsten versucht hatte, die Beatles zusammenzuhalten, wurde dabei aber immer autoritärer und rechthaberischer. Damit trieb er aber die anderen Jungs von sich weg, die zunehmend von seinem Dirigismus die Nase voll hatten, auch wenn er bis zum Schluss verlässlich gute Songs lieferte. Ringo war bis zum Schluss verlässlicher Beatle, auch wenn er einmal zutiefst gekränkt die Band vorübergehend verlassen hatte, nachdem Paul seine Schlagzeugaufnahmen nachts überspielt hatte. Die Tatsache, dass John, George und Ringo schon vor dem Ende der Beatles wiederholt Soloprojekte machten, hat aber den Bandzusammenhalt nicht wirklich gefährdet. Ebenso waren die schon lange existierenden Rivalitäten und zuweilen verletzte Eitelkeiten, wenn es Streit um die Vergabe der A-Seiten bei Singles gab oder wenn es darum ging, wessen Songs auf Alben kommen sollten, keine ernste Bedrohung. Vielmehr haben sie sich langfristig eher als Katalysator für eine steigende Songqualität erwiesen. Eine andere Qualität hatte da schon der Vertrauensbruch, den Paul gegenüber John beging, als er hinter dessen Rücken zusätzliche Anteile bei „Northern Songs" erwarb. Damit untergrub er ihre

Gleichberechtigung als Songwriter und zerrüttete nachhaltig das Verhältnis zu John. Das hatte schon die Qualität, die Band zu zerstören, denn ein weiterer Bestand der Beatles ohne John Lennon wäre schwer vorstellbar.

Aus Sicht des Verfassers spielen dagegen zwei Entwicklungen für die Trennung der Beatles eine entscheidende Rolle: Da ist erstens die Entwicklung John Lennons zu nennen, dessen starker Drogenkonsum seine Schaffenskraft und sein Urteilsvermögen negativ beeinflusste. In diesem Zusammenhang ist auch der für die Band schädliche Einfluss Yoko Onos zu nennen. Als zweiten Ursachenkomplex muss man den konfrontativen Streit um die Sanierung ihres Apple-Unternehmens ansehen, der Paul in unversöhnlichen Gegensatz zu John, George und Ringo brachte. Aber auch an diesem Konflikt hatte John maßgebliche Schuld, da er sich ohne Not vorschnell – unterstützt von Yoko – auf Allen Klein als Sanierer festlegte und die anderen beiden Jungs leicht auf seine Seite brachte, die gerade aus anderen Gründen nicht gut auf Paul zu sprechen waren. Wie die spätere Entwicklung nach ihrer Trennung zeigte, mussten sie aber einsehen, dass Paul in diesem Fall Recht hatte und die Entscheidung für Allen Klein schlecht gewesen war. Danach entspannte sich auch das Verhältnis zwischen Paul, George und Ringo wieder. Dagegen hatte sich John endgültig neu orientiert und war für die Beatles verloren.

Bei näherer Betrachtung weisen die entscheidenden Argumente auf John als Hauptschuldigen für die Trennung der Beatles hin. Und dabei spielt – wie hier ausführlich dargelegt – Yoko eine entscheidende Rolle. Tatsächlich hat John den Anstoß zur Auflösung der Beatles gegeben und dies auch mehr als einmal bestätigt. So schrieb er einmal in einem autobiografischen Essay:

„Abgesehen davon, dass sie (Yoko) mir Mut machte, aus dem Haus im Börsenmakler-Gürtel auszubrechen ..., gab mir Yoko auch die innere Stärke, meine andere Ehe etwas näher zu betrachten. Meine eigentliche Ehe. Die mit den Beatles nämlich, die mich noch mehr erstickte als mein häusliches Leben. Ich hatte schon oft an einen Bruch gedacht, aber bislang hatte mir der Mumm gefehlt. Ich gründete die Band. Ich löste sie auf. So einfach ist das (John Lennon in: Miles 1998, S. 701).“

So wie John Lennon das Ende darstellt, dass er mal eben entscheidungsfreudig und emotionslos die Beatles aufgelöst hätte, war es nun aber nicht. Dem war ein längerer Ablösungsprozess mit einer immer komplizierter gewordenen Bandsituation vorausgegangen, der er sich nicht mehr stellen wollte und nicht konnte. Außerdem war ihm die Führung der Band längst entglitten. Das heftige Streit mit Paul über die Anteile bei Northern Songs war dann der Auslöser auszusteigen. Wohl gemerkt: John hat die Beatles nicht aufgelöst, sondern er hat sie verlassen! Das ist etwas Anderes. Da er nicht mehr an eine Rückkehr oder Versöhnung dachte, zumal er meinte, mit Yoko eine bessere zukunftsweisende Lebensoption gefunden zu haben, war dieser Schritt tatsächlich das Ende der Beatles als Band. Immerhin räumte John in seinem Statement, die bedeutende Rolle Yokos für seine Entscheidung ein. Mit großer Wahrscheinlichkeit kann man durchaus prognostizieren, dass John ohne Yoko die Beatles nicht verlassen hätte, jedenfalls noch nicht zu dieser Zeit. Man kann Yoko zwar nicht die alleinige Schuld für das Ende der Beatles geben, aber wegen ihr hat John die Beatles verlassen. Und dies war entscheidend für das Ende der Beatles. Aber es ist müßig zu spekulieren, wie es mit den Beatles hätte weiter gehen können und wie ein späteres Ende ausgesehen hätte. Alles was einen Anfang hat, muss auch ein Ende haben. So sollten auch die größten Fans nicht mit dem Ende dieser großartigen Band hadern, sondern sich weiterhin daran erfreuen, was diese vier Jungs uns und der Musikwelt hinterlassen haben.

X. ANHANG

Quellen/Literatur

The Beatles Anthology, München 2000

Bennahum, David: The Beatles after the break-up, London, New York, Sydney 1991

Benson, Ross: Paul McCartney, Die Biographie, München 1992

Brown,Peter/ Gaines, Steven: The Love You Make, An Insider's Story of the Beatles, New York 1983

Hill, Tim – Daily Mail: The Beatles, FränkischCrumbach 2015

Kirchherr, Astrid/Scheler, Max: The Beatles, Wie alles begann, München 2008

Miles, Barry: Paul McCartney, Many Years From Now, Reinbek 1998

Moers, Meier, Bühring, Budeus: Die Beatles, Geschichte und Chronologie, Hamburg 2000

Pang, May/Edwards Henry: Geliebter John, München1984

Turner, Steve: Die Beatles, Ihre Welt und ihre Botschaft, Lahr 2008

Wikipedia: Manson, Charles

DVD Reelin' In The Years: Gerry &The Pacemakers, It's Gonna Be All Right, London 2009

Zum Verfasser:

Wolfgang Brockers, Jahrgang 1950, studierte Geschichte, Philosophie und Sport in Neuß und Wuppertal. Von 1980 bis 2014 unterrichtete er an einem Mönchengladbacher Gymnasium.

Bisherige Veröffentlichungen des Autors:

1. Karate methodisch lehren und lernen, Mönchengladbach 1983
2. Do – vom Geist des Zen im Karate, Landau 1993
3. Kara – Zen, Philosophie und Karate-Do, Lüneburg 1998
4. Tobi-Ishi, Trittsteine eines Karateweges,Lüneburg 2007
5. Karate im Wandel, Norderstedt 2012,
6. Budogeist für Karateka, Mönchengladbach 2014, Eigenverlag
7. Karate-Essays, Norderstedt 2014
8. Mönchengladbachs historische Momente, Norderstedt 2016
9. Die Kulturrevolution der Beatles, Norderstedt 2019
10. Karate-Do,Budokunst und Zenweg, Norderstedt 2020
11. Die Beatles und ihre Songs, Norderstedt 2020
12. Der lange Irrweg der römischen Kirche, Norderstedt 2022
13. Brockers,W./Grüter, H.:The Beatles in my Life, Norderstedt 2024